Anselm Grün
Der Weg durch die Wüste

Anselm Grün

Der Weg durch die Wüste

40 Weisheitssprüche der Wüstenväter

Vier-Türme-Verlag

© der Originalausgabe: Karmelitánské nakladatelství s.r.o.
2000
Titel der Originalausgabe: Otcové poušte s Anselmem
Grünem

Die Deutsche Bibliothek – CIP-Einheitsaufnahme
Ein Titeldatensatz für diese Publikation ist bei
Der Deutschen Bibliothek erhältlich.

2. Auflage 2002
© Vier-Türme GmbH, Verlag, Münsterschwarzach 2001
Umschlaggestaltung und Satzentwurf: Elisabeth Petersen,
München
Umschlagbild: VCP, Bavaria Bildagentur
Satz: Vier-Türme GmbH, Benedict Press,
Münsterschwarzach
Druck und Bindung: Friedrich Pustet, Regensburg
ISBN 3-87868-271-9

Inhalt

Einleitung

Zwischen dem dritten und dem sechsten Jahrhundert bevölkerten zahllose Mönche die Wüsten Ägyptens und Syriens. Die Wüste übte auf Menschen, die einen spirituellen Weg gehen wollten, eine eigenartige Faszination aus. Die Wüste galt damals als Ort der Dämonen. Die Mönche wollten die Mächte der Finsternis in ihrem eigenen Reich besiegen, um dort das Licht Christi aufscheinen zu lassen. Sie glaubten, daß durch ihre Askese die Welt heller und heiler werden könnte. Antonius war der erste, der sich um das Jahr 270 in die Wüste wagte. Ihm folgten Menschen, denen die Volkskirche zu »lasch« geworden war. Sie wollten die Worte Jesu so radikal leben, wie sie ursprünglich gemeint waren.

Auf den ersten Blick verkörpern die frühen Mönche eine Spiritualität, die uns fremd erscheint. Aber wenn wir ihre Worte genauer anschauen, entdecken wir ihre Aktualität. Sie sprechen aus Erfahrung und bilden sich keine Theorie über das Wesen des Menschen, sondern haben an ihrem eigenen Leib erfahren, was Menschsein heißt, wie der Weg zu Gott aussieht, welcher Weg gelingt und welcher in den Abgrund führt. Daher strömten damals Scharen von Ratsuchenden aus Italien und

Griechenland in die Wüste Ägyptens, um die Altväter, wie man die Mönche bald nannte, aufzusuchen und bei ihnen Weisung für ihr Leben zu erfahren.

Die Antworten, die die Mönchsväter auf die Fragen ihrer Besucher gaben, sammelte man zuerst mündlich und faßte sie schließlich in der Sammlung der »Apophthegmata patrum = der Sprüche der Väter« zusammen. Die Worte der Altväter treffen uns auch heute direkt ins Herz. Über sie kann man nicht diskutieren. Man muß sich ihnen stellen. Tief in unserer Seele werden wir von ihnen angerührt und spüren: »Ja, das ist die Wahrheit. So geht Menschwerdung. So ist Gott.«

Die Worte der Altväter atmen Weisheit und Milde. Da wird nicht moralisiert, da wird nicht mit erhobenem Zeigefinger gedroht. Die Mönche sehen die Gefährdungen des Menschen. Aber trotzdem sind sie voller Optimismus. Sie glauben daran, daß wir nicht einfach dazu verdammt sind, unsere Vergangenheit zu wiederholen oder unser Leben lang an den Verletzungen unserer Lebensgeschichte zu leiden. Wir können an uns arbeiten. Wir können unsere Vergangenheit loslassen und uns auf den Weg zu Gott machen. Wir sind dazu berufen, mit Gott eins zu werden. Das ist unsere höchste Würde.

Auf diesem Weg der Einswerdung mit Gott begegnen wir allerdings unserer eigenen Wahrheit. Und die ist nicht immer angenehm. Aber so realistisch die Mönche von den Abgründen der Seele sprechen, so optimistisch äußern sie sich auch über die Kraft, die Gott dem Menschen geschenkt hat. Wir sind nicht einfach Opfer unserer Erziehung, Opfer unserer Gesellschaft. Wir können kämpfen, um das Leben zu gewinnen. Wir sind dazu berufen, für das Leben zu kämpfen. Und wir sind dazu berufen, in der Kontemplation mit Gott eins zu werden, in der Ekstase der Liebe mit Gott zu verschmelzen.

Der Weg der Menschwerdung und der Einswerdung mit Gott ist ein spannender Weg. Auf diesem Weg begegnen wir den Abgründen unserer Seele. Da bleibt uns nichts Menschliches fremd. Wir brauchen auf diesem Weg nicht nur Ausdauer und Gottes Geist, sondern auch einen großen Humor. Wir brauchen den Mut, hinabzusteigen in die eigene Menschlichkeit. Wir müssen lächelnd und gelassen auf die vielen Fluchtversuche schauen, auf denen wir Gott ausweichen möchten. Aber wir dürfen auch darauf vertrauen, daß Gott uns immer und überall begleitet, auch wenn wir vor ihm davonlaufen. Er läßt nicht von uns ab. Er verliert nie die Geduld mit uns. Daher können wir uns immer wieder von neuem aufmachen, um ihn zu finden und in seiner Liebe das Leben zu entdecken, das er uns zugedacht hat. Weil Gott soviel Geduld mit uns hat, führen auch die Mönchsväter uns immer wieder liebevoll zurück auf den Weg zu Gott.

Für dieses Buch habe ich von den etwa 1000 Väter-sprüchen 20 ausgewählt, die etwas von der Weisheit der frühen Mönche aufscheinen lassen und uns auf unserem spirituellen Weg weiter helfen können. Im zweiten Teil kommt ausschließlich Evagrius Ponticus zu Wort. Evagrius ist der bedeutendste geistliche Autor des vierten Jahrhunderts. Er war ein theologisch hochgebildeter Grieche, der in der Einsamkeit der Wüste seine Sehnsucht nach Gott lebte und dabei in die Abgründe seiner Seele schaute. Er erkannte, daß man auf dem geistlichen Weg nicht zu Gott kommen kann, ohne sich selbst zu begegnen und die Wirklichkeit der eigenen Seele schonungslos aufzudecken.

In seinem Werk »Praktikos« beschreibt Evagrius unser Leben als Kampf gegen die Leidenschaften. Die Auseinandersetzung mit den Gedanken und Gefühlen, mit den Bedürfnissen und Leidenschaften der menschlichen Seele ist die Voraussetzung, daß wir zur inneren Ruhe finden, daß wir in unserer Seele gesund werden. Und diese Gesundheit der Seele ist wiederum die Voraussetzung, daß wir zum wahren Gebet finden, zum Beten ohne Zerstreuung, zur Kontemplation, in der wir eins werden mit Gott. Das Ziel allen Ringens und Suchens ist für Evagrius das unablässige Gebet, das Beten, in dem der Mönch in Gott hinein erhoben wird. Darin besteht für ihn auch die höchste Würde des Menschen, im Gebet über sich hinaus zu wachsen und mit Gott zu verschmelzen. Diese Gedanken hat Evagrius in seinem Buch »Über das Gebet« entfaltet. In diesem faszinierenden Werk spüren wir die Sehnsucht des Autors nach Gott und seine Liebe zu Gott, der allein unsere tiefste Sehnsucht zu stillen vermag.

Apophthegmen
Weisheitssprüche der Altväter

1.

Der Altvater Antonios sprach zum Altvater Poimen:
»Das ist das große Werk des Menschen, daß er seine
Sünde vor das Angesicht Gottes emporhalte und daß
er mit Versuchung rechne bis zum letzten Atemzug.«

Apo 4

Wenn die Wüstenväter an Gott denken, dann erinnern sie sich gleichzeitig daran, wer sie als Mensch sind. Ihre Beziehung zu Gott ist geprägt durch Ehrlichkeit und Offenheit. Vor Gott erkennen sie, wer sie selbst sind. Sie ruhen sich nicht aus auf dem Erreichten. Sie wissen, daß sie vor Gott immer zurückbleiben hinter dem Bild, das Gott sich von ihnen gemacht hat. Sie bleiben lebendig, weil sie damit rechnen, bis zum letzten Atemzug versucht zu werden. Das ist keine ängstliche und kleinmachende Spiritualität, sondern eine Spiritualität, die den Menschen auf dem Weg hält. Wir müssen ständig weiterwandern und damit rechnen, daß sich in all unser frommes Tun immer auch etwas einschleichen kann, was unsere Beziehung zu Gott verfälscht.

Für uns klingt es heute nicht sehr anziehend, sofort an unsere Fehler zu denken, wenn wir von Gott sprechen. Zu oft sind Menschen klein gemacht worden, indem wir ihnen vermittelt haben, sie müßten sich als arme Sünder fühlen. Antonios spricht ganz nüchtern von der Sünde und von der

Versuchung, die uns ein Leben lang begleitet. Er hat keine Angst davor. Er hält sie Gott hin. Er kreist nicht um seine Schuld, sondern schaut auf Gottes Liebe. Er verurteilt sich nicht selbst. Seine Sünde wird für ihn vielmehr der Anlaß, seinen Blick auf Gott zu richten. Von Gott weiß er sich bedingungslos geliebt. Aber er weiß auch, daß er die Erfahrung der Liebe nicht festhalten kann. Im nächsten Augenblick schon wird er mit seiner Leere und Gottesferne konfrontiert. Dann ärgert er sich nicht darüber, sondern hält sie wieder voll Vertrauen Gott hin. Das ist der befreiende Weg der Mönche: Es darf alles sein. Wir verurteilen uns wegen keiner Sünde. Wir halten nur alles, was in uns ist, Gott hin. Dadurch geschieht in uns Verwandlung in das Bild hinein, das Gott in uns ausformen möchte.

2.

Der Altvater Pambo fragte den Altvater Antonios: »Was soll ich tun?« Der Alte entgegnete: »Baue nicht auf deine eigene Gerechtigkeit und laß dich nicht ein Ding gereuen, das vorbei ist, und übe Enthaltsamkeit von der Zunge und vom Bauch.«

Apo 6

Antonios zeigt hier einen ganz konkreten Weg, wie unser Leben gelingen kann. Auf der einen Seite sollen wir nicht auf die eigene Gerechtigkeit bauen. Wir sollen uns nichts einbilden auf unsere Frömmigkeit, auf unsere Askese. Wir können uns selbst nicht gerecht machen. Wir sind, wie wir sind. Und wir sollen damit rechnen, daß vieles in uns noch unbewußt ist, daß wir manche Schattenseiten haben, die wir nicht kennen. Aber wir dürfen nicht ständig um uns kreisen und uns beobachten, wie weit wir auf dem inneren Weg schon sind. Wir gehen unseren Weg, ohne uns über die anderen zu erheben. Antonios ist nüchtern. Er ist frei von der Feierlichkeit mancher Gurus, die meinen, sie seien schon ganz in Gott eingetaucht und von Gottes Geist erfüllt.

Auf der anderen Seite gibt Antonios hier einen guten Weg an, wie wir mit unseren Fehlern und unserem Versagen umgehen können. Wir ärgern uns ja oft über das, was wir falsch gemacht haben. Wir zerfleischen uns mit Schuldgefühlen und werfen uns vor, daß wir ganz schlimme Sünder sind und nie weiter kommen. Antonios vertraut so stark auf die Barmherzigkeit Gottes, daß er einfach nicht mehr darüber nachdenkt, was war. Er macht sich keine Vorwürfe. Er hält es Gott hin. Damit ist es erledigt. Das ist ein guter Weg auch für uns heute, mit unseren Sünden umzugehen. Wir sollen sie einfach Gott übergeben. Er vergibt uns. Und wenn Gott uns vergibt, dann müssen auch wir uns selbst vergeben.

Antonios zeigt uns auch, wie wir mit unseren Verletzungen umgehen können. Wir schauen sie an und halten sie Gott hin. Und dann sollen wir sie loslassen. Wir müssen sie nicht alle aufarbeiten, wie es heute viele tun, die von einer Therapie in die andere gehen. Es genügt, sie wahrzunehmen und sie dann vergangen sein zu lassen. Gott schenkt mir heute seinen Geist, um mich für den gegenwärtigen Augenblick zu stärken. Ich muß nicht erst die Last meiner Vergangenheit abarbeiten. Ich soll die Verletzungen meiner Lebensgeschichte nicht überspringen. Ich soll sie anschauen und Gott übergeben.

3.

Ein Bruder befragte sich beim Altvater Agathon wegen
der Unzucht. Er erklärte ihm: »Wohlan, wirf dein
Unvermögen vor Gott, und du wirst Ruhe finden.«

Apo 103

Auch die Mönche in der Wüste spürten ihre Sexualität. Aber sie waren frei von der ängstlichen
Sexualmoral, wie sie viele Christen bis vor kurzem
geprägt hat. Sie kreisten nicht ständig um ihre
Sexualität. Und sie verdrängten und unterdrück-
ten sie nicht. Sie wußten, daß sich die Sexualität
immer regen wird und daß wir auch in Gefahr sind,
von ihr bestimmt zu werden.

Unsere Phantasie denkt sich sexuelle Abenteuer
aus. In der Phantasie brechen wir immer wieder
einmal die Ehe und sehnen uns nach attraktiveren
Partnern und Partnerinnen. Viele Christen erschrek-
ken vor solchen Phantasien und halten sich dann
gleich für ganz schlecht. Sie versuchen die Sexualität zu unterdrücken. Doch das führt dazu, daß sie
immer um sie kreisen und auf sie fixiert sind. Sie
schnüffeln dann bei den anderen deren sexuelle
Verfehlungen aus.

Altvater Agathon weist uns einen anderen Weg.
Wir sollen einfach unser Unvermögen, unsere Sexualität in Griff zu bekommen, vor Gott werfen.
Dann werden wir nicht von ihr beherrscht werden. Wir müssen uns also nicht vorwerfen, daß wir

mit unserer Sexualität nicht zurechtkommen. Wir sollen nicht die Zähne zusammenbeißen und meinen, wir müßten sie völlig beherrschen. Unsere Sexualität ist ein Teil von uns, und sie wird sich immer wieder regen. Damit müssen wir rechnen. Aber wir dürfen das nicht dramatisieren, sondern diese Tatsache akzeptieren und unser Unvermögen Gott hinhalten. Das wird uns Ruhe verschaffen. Diese Ruhe kann darin bestehen, daß wir mitten in unseren sexuellen Anfechtungen Ruhe bewahren, weil wir nicht ängstlich darauf starren, sondern sie einfach als einen Teil unseres Lebens vor Gott annehmen. Aber es kann auch sein, daß sich die Sexualität beruhigt. Wenn wir nicht ständig gegen sie kämpfen, wird sie von allein Ruhe geben. Das ist ein befreiender Weg. Er atmet größere Weite und Freiheit als die Wege, die uns die Moralbücher zu Beginn unseres Jahrhunderts gewiesen haben.

4.

Ein Bruder kam in die Sketis zum Altvater Moses und begehrte von ihm ein Wort. Der Greis sagte zu ihm: »Fort, geh in dein Kellion und setze dich nieder, und das Kellion wird dich alles lehren.«

Apo 500

Das Sitzen im Kellion, der Zelle des Mönches, war für die Altväter eine wichtige Übung. Sie konnten sogar sagen: »Du brauchst gar nichts Frommes zu tun. Du mußt nicht beten oder fasten. Nur halte dich aus in deinem Kellion. Wirf deinen Leib nicht aus dem Kellion heraus. Entscheidend ist, daß du vor dir selbst nicht davonläufst, sondern dich so, wie du bist, vor Gott aushältst.«

Ich schlage dir folgende Übung vor: Setze dich in dein Zimmer, eine halbe Stunde lang. Nimm kein Buch zur Hand, auch nicht die Bibel. Denke nicht über bestimmte Dinge nach. Meditiere auch nicht und bete nicht irgendwelche Gebete. Deine Aufgabe besteht darin, dich einfach vor Gott hinzusetzen und zu beobachten, was sich da in dir regt. Die Mönche nennen diese Übung auch »nepsis = Wachsamkeit«. Sie vergleichen den Mönch mit einem Fischer. Der wartet in seinem Kahn darauf, daß sich das Wasser um ihn beruhigt. Dann sieht er, wie im klaren Wasser die Fische aufsteigen. Und er kann sie fangen. So kannst du in deinem Zimmer warten, bis das Wasser um dich herum ruhig und klar wird. Dann erkennst du, was da alles in dir aufsteigt. Und das nimm dann in die Hand und halte es Gott hin. Dann erkennst du, welcher Fisch dich nähren kann und welchen du wieder ins Wasser zurückwerfen solltest.

Es ist eine einfache Übung. Doch du wirst sehen, daß sie gar nicht so leicht ist. Du sitzt schutzlos vor Gott. Neulich habe ich bei einem Kurs die Menschen dazu eingeladen, diese Übung zu machen. Es war für viele eine ganz wichtige Erfahrung. Sie haben etwas von sich erkannt, das sie weder im Gebet noch in der Meditation bisher entdeckt hatten. Und sie sind in ihrer Schutzlosigkeit auf einmal Gott ganz nahe gekommen. Sie haben ihre Wahrheit entdeckt und sich in ihrer Wahrheit ganz und gar von Gott geliebt gefühlt. Das hat sie befreit und mit einem tiefen Frieden erfüllt.

5.

Ein Bruder fragte den Altvater Moses:
»Ich sehe eine Aufgabe vor mir und kann sie nicht
erfüllen.« Da sagte ihm der Alte: »Wenn du nicht ein
Leichnam wirst wie die Begrabenen, kannst du sie
nicht bewältigen.«

Apo 505

Abbas Moses gibt hier einen eigenartigen Ratschlag. Wer vor einer wichtigen Aufgabe steht, soll sich erst einmal vorstellen, daß er tot ist und im Grab liegt. Aber wenn du diese Übung probierst, wirst du feststellen, wie sie dir gut tut. Denn wenn du dich mit deiner Aufgabe völlig identifizierst, dann hast du Angst, ob du sie wirklich erfüllen kannst. du bist auf deine Aufgabe fixiert und grübelst nach, was du noch alles lernen mußt, um sie zu erfüllen. Wenn dann die Aufgabe auf dich zukommt, bist du oft blockiert.

Wenn du dir aber vorstellst, du wärest schon tot und lägest in einem Grab, dann wirst du erkennen, wer du eigentlich bist. Im Grab fällt alles Unwichtige weg. Da wirst du mit dir konfrontiert, so wie du vor Gott bist. Alles andere löst sich auf. Letztlich hebst du deine Identifikation mit der Aufgabe auf. Das befreit dich von der Fixierung darauf. Und diese innere Freiheit ist die Bedingung, daß du die Aufgabe gut lösen kannst.

Was Altvater Moses hier vorgeschlagen hat, entspricht dem, was die transpersonale Psychologie »Dis-Identifikation« nennt. Wir sollen uns nicht mit unseren Aufgaben identifizieren. Wir sollen unsere Identität letztlich in Gott finden. Wir sehen unsere Aufgabe. Aber wir sagen uns: »Ich habe eine Aufgabe. Aber ich bin nicht meine Aufgabe. Ich habe ein Problem. Aber ich bin nicht mein Problem.«

Es gibt in mir einen Raum, zu dem die Sorgen um die Erfüllung meiner Aufgaben keinen Zutritt haben, zu dem die Probleme und Ängste nicht vordringen können. Es ist letztlich auch das, was Jesus uns im Johannesevangelium zusagt, daß wir in der Welt sind, aber nicht von der Welt. (Vgl. Joh 17,16) Wenn ich meine tiefste Identität in Gott finde, kann ich mich auf die Aufgabe in aller Freiheit einlassen. Ich stehe nicht unter dem Druck, sie absolut richtig machen zu müssen. Denn selbst wenn ich einen Fehler mache, hebt das meine Identität in Gott nicht auf. Das heißt nicht, daß ich mich nicht anstrengen soll. Vielmehr ist die Freiheit die Bedingung, mich wirklich auf die Aufgabe einzulassen.

6.

Abbas Moses sagte: » Wenn jemand seine Sünden trägt,
dann schaut er nicht auf die des Nächsten.«

Apo 510

Immer wieder mahnen die Mönche, die Brüder und
Schwestern nicht zu richten. Aber die moralische
Forderung allein, nicht zu richten, fruchtet wenig.
Nur wer sich selbst erfahren hat in seiner eigenen
Sündhaftigkeit, wird frei von dem inneren Zwang,
ständig über andere zu urteilen und sie zu richten.
Wenn wir ehrlich in uns hineinspüren, werden wir
sehen, daß wir oft genug an uns vorbeileben. Sündigen heißt vom Griechischen her: »verfehlen, das
Ziel verfehlen, an sich selbst vorbei leben«. Wir
fallen immer wieder aus unserer Wahrheit heraus
und verfehlen damit das Leben, das uns von Gott
her zugedacht ist.

Abbas Moses erklärt seinen Rat, die eigenen
Sünden zu tragen, durch eine Symbolhandlung.
Brüder haben sich versammelt, um über einen anderen Gericht zu halten und ihn von der Gemein-
schaft auszustoßen. Er hat sich verfehlt. Altvater
Moses verteidigt den Bruder nicht. Er greift auch
nicht in die Diskussion ein. Er nimmt vielmehr einen löchrigen Sack, füllt ihn mit Sand und trägt
ihn auf dem Rücken um die Versammlung herum.
Daraufhin werden die Brüder neugierig, was er
damit bezweckt. Da erklärt er, daß sie ihre Sünden

auf den Rücken genommen haben und sie daher nicht sehen. Aber ihre Sünden hinterlassen eine sandige Spur. Sie bringen Sand ins Getriebe. Alle anderen sehen die Spuren, die ihre Sünden hinterlassen. Allein die Sünder sind blind dafür.

Wir sollen unsere Sünden anschauen. Dann blicken wir nicht immer auf die Sünden der anderen. Die demütige Selbsterkenntnis befreit uns von unserer Sucht, die anderen zu verurteilen. Ohne Selbsterkenntnis projizieren wir unsere Fehler auf die anderen und verurteilen sie, anstatt uns selbst der Barmherzigkeit Gottes zu empfehlen.

7.

*Abbas Poimen sprach: »Wenn der Mensch Ordnung
einhält, dann wird er nicht verwirrt.«*

Apo 741

Oft leiden wir unter Dürre und Leere. Wir wollen
beten, aber es gelingt uns nicht. Wir gehen in den
Gottesdienst, aber wir bleiben innerlich unbeteiligt. Es berührt uns kein Wort. Ja, selbst die Kom-
munion entzündet unser Herz nicht. Da rät uns
Abbas Poimen, einfach nur Ordnung zu halten. Wir
können durch keine spirituelle Technik eine Gottes-
erfahrung herbeizwingen. Aber Ordnung halten,
das liegt in unserer Hand. Wenn wir unser äußeres
Leben in Ordnung bringen, wird das auch unsere
Seele ordnen.

Die äußere Ordnung, das können gesunde Ri-
tuale sein, mit denen wir den Tag beginnen und
beschließen. Das kann eine gute Zeiteinteilung
sein, in der für die Arbeit, für die Muße, für das
Gespräch miteinander, für die Stille und für das
Gebet genügend Zeit ist. Manchmal ist es auch
wichtig, sein Zimmer in Ordnung zu bringen,
manches zu entrümpeln. Denn zuviel äußere Unordnung kann auch die Seele bedrücken. Die äußere Unordnung spiegelt dann die innere Situation wider.

Poimen meint, daß die äußere Ordnung uns
nicht nur in Ordnung bringt, sondern uns auch

davor bewahrt, verwirrt zu werden. Sie bewahrt uns davor, daß unsere Seele durcheinander gerät, daß sie sich in sich selbst verwickelt. Wenn unsere Seele verwirrt ist, kann sie nicht mehr frei atmen. Sie blickt nicht mehr durch. Sie ist in sich selbst gefesselt. Die äußere Ordnung entwirrt die Verwicklungen unserer Seele und bringt in das innere Chaos eine klare Struktur. Sie ist die Bedingung dafür, daß wir selbst leben können, anstatt gelebt zu werden.

8.

Abbas Pambo sprach: »Wenn du ein Herz hast,
kannst du gerettet werden.«

Apo 771

Manche benützen ihre frommen Andachtsformen dazu, vor Gott etwas zu leisten, um sich vor ihm gut zu fühlen. Es geht ihnen dabei nicht um Gott, sondern um das eigene Perfektsein, um das Gefühl, vor Gott und vor anderen alles richtig zu machen. Sie wollen sich selbst beweisen. Aber ihr Herz ist unbeteiligt. Sie lassen sich nicht wirklich von Gott in ihrem Herzen treffen. Sie verschließen ihr Herz auch vor dem Nächsten. Sie sind so sehr mit sich und ihren Frömmigkeitsformen beschäftigt, daß sie sich damit vor allem schützen, was sie in Frage stellen und was sie tief in ihrem Herzen berühren könnte.

Abbas Pambo weist uns darauf hin, daß das Wesentliche unserer Spiritualität darin besteht, ein Herz zu haben, ein Herz, das mitfühlen kann, das sich betreffen läßt, das empfindet, das liebt. Wenn einer ein Herz hat, dann kann er gerettet werden. Selbst wenn das Herz auf Abwege gerät, weil es fasziniert ist von etwas, das nicht dem Willen Gottes entspricht, so wird es den Menschen doch letztlich zu Gott führen. Denn das Herz empfindet auch Schmerz über alles, was es gegen die Liebe tut. Das Herz, das liebt, weiß um Gott. Und selbst wenn die Liebe in die Irre geht, wird sie unser Herz dabei doch für Gott aufbrechen. Denn in aller Liebe ist eine tiefe Sehnsucht nach der göttlichen Liebe, nach einer Liebe, die Bestand hat und nicht so brüchig ist wie unsere menschliche Liebe, die immer auch von Besitzansprüchen und Eifersucht geprägt ist.

Manche Menschen benützen ihre Frömmigkeit, um ihrem Herzen auszuweichen. Doch ihr frommer Aktivismus hilft ihnen nichts. Entscheidend ist, daß wir unser Herz, gerade auch unser gebrochenes Herz, für Gott öffnen. Dann wird Gottes Liebe in unser aufgebrochenes Herz fließen, es durchdringen und verwandeln und es zu der Ruhe führen, die es allein in Gott findet.

9.

*Ein Altvater sagte: »Das anhaltende Gebet
verbessert in kurzem den Geist.«*

Apo 1128

Viele Vätersprüche beschäftigen sich mit dem Gebet. Sie singen das Lob des Gebetes. Das Gebet
sehen die Mönche weniger als eine Pflicht, sondern als ein Geschenk Gottes an. Es hat therapeutische Wirkung. Es heilt die Wunden des Menschen.
Es bringt die Seele zum Atmen und es reinigt den
Geist. Das Gebet verwandelt die Gedanken und
Gefühle des Menschen.

Dabei ist es wichtig, daß wir nicht gegen unseren Ärger oder unsere Angst, gegen unsere Eifersucht oder unsere Depression anbeten, sondern mit
ihnen beten. Wir sollen im Gebet unsere Angst,
unseren Ärger und unsere Traurigkeit vor Gott tragen. Wenn wir vor Gott in unsere Traurigkeit hin-
absteigen und ihr bis auf den Grund folgen, dann
wird sie uns für Gott aufbrechen. Auf dem Grund
unserer Angst, unserer Depression, unserer Bitterkeit werden wir Gott finden, der unser verwunde-
tes Herz beruhigt und die Abgründe unserer Seele
mit seinem milden Licht erleuchtet.

Unser Geist ist oft getrübt durch negative Emotionen. Wir sehen unser Leben und unseren Mitmenschen nicht klar, sondern nur durch die von
unserem Ärger oder unseren Projektionen getrüb-

te Brille. Im Gebet geht es nun darum, unseren Ärger Gott hinzuhalten. Wenn ich meinen Ärger vor Gott trage, bekomme ich schon Abstand dazu. Und wenn ich in meinem Ärger bewußt auf Gott und Gottes Barmherzigkeit schaue, wird der Ärger an Macht verlieren.

Das Gebet hilft mir, zu mir selbst zu finden, in mein Herz zurückzukehren. Wenn ich in meinem Ärger verharre, bin ich nicht bei mir, sondern bei dem, der mich gekränkt hat. Und ich gebe ihm Macht über mich. Ich lasse mich von ihm bestimmen. Das Gebet entmachtet den Ärger und befreit mich von dem Menschen, dem ich in meinem Ärger Macht über mich eingeräumt habe. Das Gebet reinigt den Geist. Es verbessert den Atem meiner Seele. Wer voller Ärger ist, der riecht oft genug nach Haß und Wut. Wer betet, verbreitet einen angenehmen Geruch, den Geruch von Liebe und Frieden.

10.

Der Altvater Poimen bat den Altvater Joseph:
»Sage mir, wie ich Mönch werde.« Er antwortete:
»Wenn du Ruhe finden willst, hier und dort, dann
sprich bei jeder Handlung: ‚Ich – wer bin ich?'
und richte niemand!«

Apo 385

Da will ein Mensch Mönch werden, d. h. er möchte ein ganzer Mensch werden. Denn Mönch (monachos) kommt von »monas = Einheit, Einssein«. In diesem Sinne kann jeder von uns Mönch werden. Wir fühlen uns heute oft zerrissen, hin- und hergezerrt zwischen verschiedenen Verpflichtungen, zwischen Familie und Beruf, zwischen Kirche und Welt, zwischen unserer Frömmigkeit und unserem Leben in einer säkularisierten Umgebung.

Wenn wir Ruhe finden wollen, wenn wir zu unserer Ganzheit finden möchten, dann sollten wir bei allem fragen: »Ich – wer bin ich?« Bin ich ganz in dem, was ich gerade tue? Oder ist nur ein Teil von mir bei der Aufgabe? Wer bin ich eigentlich? Spiele ich nur eine Rolle oder lebe ich aus meinem Selbst heraus? Entspreche ich mit meinem Leben nur den Erwartungen der anderen, oder lebe ich das einmalige Bild, das Gott sich von mir gemacht hat?

Die Frage, wer ich eigentlich bin, wird mich mehr und mehr in mein wahres Wesen hineinführen. Sie wird mich lehren, bei allem, was ich tue, ganz da zu sein. Sie wird mich zu meiner wahren Identität führen, zu meiner Authentizität. Ich passe mich nicht an und lasse mich nicht von meinem Wesen abbringen. Ich bin ich. Ich bin der, den Gott als einmaligen Menschen geschaffen hat. Der spirituelle Weg will mich nicht nur zu Gott führen, sondern auch zu mir selbst, zu meinem innersten Kern, zu dem unverfälschten Bild, das Gott sich von mir gemacht hat.

Altvater Joseph nennt noch eine zweite Bedingung, um als Mensch ganz zu werden: Ich soll niemanden richten. Solange ich richte, bin ich bei den anderen. Doch das hält mich davon ab, die eigene Wahrheit zu erkennen. Ich beschäftige mich mit den anderen, um von meiner Wahrheit abzulenken. Der Altvater möchte uns mit seiner Antwort einladen, bei uns zu bleiben und uns um die eigene Selbstwerdung zu kümmern. Dann wird auch die Beziehung zu unseren Mitmenschen richtig werden.

11.

*Abbas Poimen sprach: »Wenn ein Mensch sündigt
und es leugnet, indem er spricht: Ich habe nicht
gesündigt, so verurteile ihn nicht. Anderenfalls
nimmst du ihm den Mut. Wenn du aber sagst: Sei
nicht mutlos, Bruder, aber hüte dich in Zukunft!,
dann erweckst du seine Seele zur Reue.«*

Apo 597

Hier wird die Barmherzigkeit sichtbar, mit der die Mönchsväter andere behandeln. Von ihrer Kunst der geistlichen Begleitung könnten wir heute viel lernen. Statt den anderen zu zwingen, seine Wahrheit zuzugeben, tröstet ihn Poimen und richtet ihn wieder auf. Es hat keinen Zweck, den anderen zu überfordern, indem ich ihm die Wahrheit um die Ohren schlage. Denn dann würde er traurig weggehen. Traurigkeit aber lähmt und hindert ihn, etwas zu verändern. Er würde sich selbst aufgeben und dann erst recht sündigen.

Poimen spürt genau, daß sich der Angesprochene seiner Wahrheit noch nicht stellen kann. Er berücksichtigt seine innere Situation und geht darauf ein. Indem er ihn ermutigt und stärkt, befähigt er ihn, sich auch mit seinen Schattenseiten und mit seinen Fehlern auseinanderzusetzen. Wer aufgerichtet ist, hat die Kraft, sich von Fehlern zu distanzieren. Wer dagegen angeklagt und verurteilt wird, der fällt leicht in Verzweiflung und läßt sich gehen.

Man spürt aus diesem Spruch des Abbas Poimen heraus, daß die Wüstenväter nicht moralisieren, daß es ihnen nicht das Wichtigste ist, daß jemand fehlerfrei ist. Entscheidend ist vielmehr, daß sich jemand der Barmherzigkeit Gottes zuwendet und sich von Gott bedingungslos angenommen weiß. Wer sich von Gott ohne Bedingung geliebt fühlt, der findet auch den Mut, sich den unangenehmen Seiten seines Lebens zu stellen. Er wird angesichts der barmherzigen Liebe Gottes umkehren und sein Leben nach Gottes Willen ausrichten.

Leider haben nicht immer alle Seelsorger diese barmherzige Weisung des Altvaters Poimen befolgt. Sie haben Menschen im Beichtstuhl manchmal entmutigt und sie dazu geführt, sich von der Kirche und von Gott abzuwenden. Wir bräuchten heute in der Kirche die Weisheit der Wüstenväter, damit die Menschen sich angezogen fühlen von Gottes weitherziger Liebe und sich gerne auf Gott einlassen.

12.

Altvater Makarius sagte:
»Er ist Mönch genau deswegen, weil er sich
allein mit Gott unterhält Tag und Nacht.«

Apo 1764

*D*as Ziel des Mönchtums ist das unablässige Gebet. Ohne Unterlaß zu beten, das fordert Paulus
von den Thessalonichern (1 Thess 5,17). Wie das
gelingen soll, darum dreht sich das Suchen der
Mönche. Ihr Ringen um das immerwährende Beten kann auch uns heute auf unserem Gebetsweg
helfen, von einem äußerlichen Beten wegzukom-
men und das innere Gebet zu entdecken, das in
uns ohne Unterlaß betet.

Ein Weg zu diesem inneren Gebet ist, immer vor
Gott und in Gottes Gegenwart zu leben, in allem,
was wir tun, auf Gott bezogen zu sein, ohne daß
wir Gebetsworte sprechen. Der andere Weg besteht
darin, sich allein mit Gott zu unterhalten. Es ist
das, was später Teresa von Avila als ihr freund-
schaftliches Gespräch mit Gott beschrieben hat.

Teresa spricht zu Gott wie zu einem Freund. Er
hört ihr zu und antwortet ihr in den Gedanken,
die in ihr auftauchen. Dazu braucht es den Raum
der Einsamkeit. Die Einsamkeit wird nur dann für
uns fruchtbar, wenn sie für uns zur Zweisamkeit
wird, zum unablässigen Zwiegespräch mit Gott.
Dann werden wir unsere Einsamkeit genießen, weil

wir darin eins sind mit Gott, weil im Alleinsein die Beziehung zu Gott nicht gestört wird durch tausend Dinge, die uns sonst beschäftigen.

Der dritte Weg, unablässig zu beten, besteht in der Übung der Meditation. Mit jedem Atemzug wiederhole ich ein Wort aus der Schrift oder das sogenannte Jesusgebet: »Herr Jesus Christus, Sohn Gottes, erbarme dich meiner!« Die Übung der »ruminatio = Wiederkäuen« geht allmählich in Fleisch und Blut über. Wenn ich mitten in der Nacht aufwache, fängt von allein das Beten an. Wenn ich aufstehe, beginne ich mit dem Jesusgebet. Beim Spazierengehen, beim Arbeiten, ja auch beim Gespräch mit einem Bruder betet mein Herz ohne Unterlaß. Es ist im Gebet mit Gott verbunden. Und aus dieser Verbundenheit heraus arbeite ich, spreche ich, lese ich, gehe ich, schlafe ich, ruhe ich. Ich bin in Gott. Es betet in mir. Gott ist in mir.

13.

Ein Bruder fragte einen Alten:
»Warum packt mich die Furcht, wenn ich nachts
allein ausgehe?« Der Alte sagte: »Weil das Leben
dieser Welt für dich noch von Wert ist.«

Bu II 190

Angst und Furcht bedrängen heute viele Menschen. Sie haben Angst, sich zu blamieren, vor anderen schwach dazustehen. Sie haben Angst, Fehler zu machen, das Leben nicht zu schaffen. Andere sind voller Angst, wenn sie an ihren Tod denken. Oder sie schauen ängstlich, daß sie nicht krank werden.

Die Angst, die der Bruder anspricht, ist die Angst vor der Dunkelheit, vor der Bedrohung, die vom Finstern ausgeht. Das kann die Bedrohung durch feindliche Menschen sein, die Angst vor dem Tod, vor dem Beraubtwerden, vor den Gefahren, die von Tieren ausgehen. Es kann aber auch die Angst vor einer inneren Bedrohung sein. Die äußere Dunkelheit erinnert ihn an seine innere Nacht. In seiner Seele ist alles dunkel. Da überfallen ihn depressive Stimmungen. Da findet er keinen Halt mehr.

Der Grund für diese Angst liegt darin, daß das Leben dieser Welt für uns noch so wichtig ist. Wir hängen am Leben, am erfolgreichen Leben, am guten Ruf, an unserer Gesundheit, an unserer Sicherheit. Sobald ich das Leben der jenseitigen Welt erfahre, sobald ich das göttliche Leben in mir spüre, wird die Angst immer schwächer. Es ist mir nicht mehr wichtig, wie lange ich lebe, ob ich nach außen hin erfolgreich bin, ob ich gesund bleibe und bei den Menschen beliebt und anerkannt bin.

Das alles relativiert sich für mich, weil ich eine andere Qualität von Leben in mir spüre: die Qualität des göttlichen Lebens, die auch durch Krankheit und Tod nicht beeinträchtigt werden kann. Die Erfahrung Gottes befreit mich von der Furcht vor Menschen und sie löst die Ängste auf, die mich immer wieder befallen.

14.

Ein Alter sagte: »Das ist die Stimme, die zum Menschen bis zu seinem letzten Atem ruft: Kehre heute um!«

N 10

Die Umkehr war ein wesentlicher Zug des Mönchtums. Der Mönch ist einer, der umkehrt und zwar täglich. Es geht nicht um die große Bekehrung, die alles in mir verwandelt. Es geht darum, täglich neu umzukehren von Wegen, die mich nicht weiterführen, die in eine Sackgasse münden. Das verlangt ein feines Gespür für meinen Weg, auf dem ich gerade gehe. Ist es der richtige Weg oder ein Umweg oder Irrweg? Ist es der Weg, der zum Leben führt oder in die Oberflächlichkeit, in die Enge, in die Angst, in das Verderben? Wohin gehe ich? Wie gehe ich? Wer geht mit mir? Gehe ich selbst oder werde ich gegangen?

Im Griechischen heißt umkehren »metanoein = umdenken«. Die Umkehr beginnt bei den Gedanken. Ich muß anders denken, neue Gedanken entwickeln. Das verlangt, daß ich zuerst einmal meine Gedanken prüfe. Woher kommen meine Gedanken und wohin gehen sie? Gehe ich in Gedanken spazieren? Denke ich bewußt über etwas nach oder lasse ich die Gedanken einfach laufen? Werde ich von negativen Gedanken und Gefühlen bestimmt?

Wenn ich meine Gedanken durchschaut und geprüft habe, dann muß ich umdenken, so denken, wie es Gott entspricht. Ich muß von Gott her denken, von Gott her mein Leben bedenken. Und ich muß selbst denken, anstatt mich von fremden Gedanken bestimmen zu lassen. Denken hat auch mit Danken zu tun. Mein Denken soll nicht ein ständiges Kritisieren sein, eine Auflehnung gegen alles, was ist. Denken heißt vielmehr, übereinstimmen mit der Wirklichkeit, die Wirklichkeit so empfinden, wie sie in Wahrheit ist. Und das kann ich nur in Dankbarkeit, wenn ich denkend für das danke, was Gott mir geschenkt hat.

15.

Ein Alter sagte:
»Ob du schläfst oder wachst, was du auch tust,
wenn Gott dir vor Augen ist, kann dich der Feind
in nichts erschrecken. Wenn dein Denken in Gott
weilt, weilt auch die Kraft Gottes in dir.«

N 377

Gott zu erfahren, in Gott zu sein, mit Gott verbunden zu sein, das war die tiefste Sehnsucht der Mönche. In allem sollen wir Gott vor Augen haben. Alles sollen wir vor den liebenden und wohlwollenden Augen Gottes tun. Die Erfahrung Gottes ist eine befreiende, stärkende und heilende Erfahrung. Sie befreit mich von der Angst und vom Erschrecken vor dem Feind.

Wenn Gott mir vor Augen ist, dann können mich die Menschen um mich herum nicht verletzen. Dann können andere noch so sehr gegen mich kämpfen, sie können Intrigen spinnen und mich betrügen. Doch kränken und verletzen können sie mich letztlich nicht. Wenn Gott bei mir ist, haben die Menschen keine Macht über mich. Die Nähe Gottes befreit mich von der bedrängenden Nähe der Menschen, die ihre Unzufriedenheit an mir auslassen möchten.

Unser Denken soll in Gott sein. Das heißt wohl, daß wir nicht über Gott nachdenken sollen, sondern daß unser Geist in Gott verankert sein soll.

Wenn wir mit unserem Denken und Fühlen in Gott sind, dann ist auch Gott in uns. Und mit Gott ist seine Kraft in uns. Sie ist stärker als die Macht, die unsere inneren und äußeren Feinde haben. Für die Mönche der Wüste war das eine wichtige Erfahrung. Wer in Gott ist, der ist den Menschen nicht ausgeliefert. In Gott ist er gestärkt und geschützt. Er ist von einer Kraft durchdrungen und von einem Schild umgeben, den kein Feind durchstoßen kann.

16.

Einer von den Vätern sagte: »Wenn der Baum
nicht von den Winden geschüttelt wird, wächst er
nicht und trägt keine Wurzeln. So der Mönch:
Wenn er nicht versucht wird und die Versuchung
nicht erträgt, wird er kein Mann.«

N 396

Die Wüstenväter waren keine feigen Memmen. Sie
haben sich dem Leben gestellt. Sie haben sich den
Stürmen des Lebens ausgesetzt. So wie ein Baum
dem Wind nicht ausweicht, so sind die Mönche den
Versuchungen nicht ausgewichen. Versuchungen
und Anfechtungen gehören zum Leben. Die Mönche lehren uns, daß wir trotz unseres spirituellen
Strebens immer auch angefochten sind. In uns ist
nicht nur die Sehnsucht nach Gott, in uns sind auch
aggressive und gottlose Züge. Sie möchten Macht
über uns gewinnen. Dagegen müssen wir kämpfen.

Die frühe Kirche sah im geistlichen Leben einen
Kampf. Sie lehrt uns keine wehleidige Spiritualität, die nur alles von Gott erwartet, sondern einen
geistlichen Weg, auf dem wir mit allem zu kämpfen haben, was sich uns in den Weg stellt. Kämpfen heißt zugleich, sich vertraut machen mit den
Feinden, sie genau kennen lernen. Sonst kämpft
man vergebens.

Manche tun sich schwer, das Loblied der Mönche auf die Versuchungen, die uns zum Mann wer-

den lassen, mit der Bitte des Vaterunsers in Einklang zu bringen: »Und führe uns nicht in Versuchung.« Doch die Mönche verstehen unter Versuchung etwas anderes als die Bibel. Das griechische Wort für Versuchung – »peirasmos« – meint: Abfall, Verwirrung. Gott möge uns davor beschützen, daß wir verwirrt werden, daß wir uns auf unserem Weg verirren, daß wir falschen Propheten nachlaufen.

Die Versuchungen des täglichen Lebens jedoch, die Versuchung, mehr zu essen, als uns gut tut, die Versuchung, den anderen zu beleidigen, das sind die täglichen Anfechtungen, die uns aufdecken, daß wir nicht nur gut sind. Gegen sie können wir kämpfen. Und der Kampf wird uns bewährter machen.

17.

Ein Alter sagte: »*Wenn du in der Wüste als Hesychast
weilst, bilde dir nicht ein, daß du etwas Großes tust,
sondern halte dich vielmehr wie einen Hund, den man
von der Menge weggejagt und angebunden hat, da er
beißt und die Menschen belästigt.*«

N 573

Heute sprechen wir viel vom Umweltschutz. Wir
wollen unsere Umwelt nicht mit unseren Abfällen
verunreinigen. Die Wüstenväter hatten den geisti-
gen und emotionalen Umweltschutz im Sinn. Sie
wollten die Welt nicht mit ihren unaufgearbeiteten Problemen und ihren getrübten Emotionen be-
schmutzen. Sie wußten darum, daß wir mit allem,
was wir sagen und tun, eine Auswirkung auf unsere Mitmenschen haben. Wenn wir unkontrolliert
über andere schimpfen, wenn wir in unserer Spra-
che unsere Vorurteile verbreiten, dann gibt es eine
Vergiftung der menschlichen Umwelt. Und die ist
mindestens genauso schädlich wie die Verschmut-
zung der natürlichen Ressourcen. In vielen Fami-
lien, Gemeinden und Firmen ist das Klima emo-
tional derart getrübt, daß die Menschen darin
krank werden. Die Klärung der eigenen Emotionen erzeugt dagegen eine heilende Atmosphäre, die
unserer Seele gut tut.

Um die Welt nicht zu verschmutzen mit ihren
Emotionen und Aggressionen, mit ihren unbewuß-

ten Bedürfnissen und ihren verdrängten Leidenschaften, haben sich die Mönche im vierten Jahrhundert in die Einsamkeit zurückgezogen. Sie wollten erst sich selbst bessern, bevor sie die Welt verändern konnten. Sie wollten die Menschen vor ihren unaufgearbeiteten Neurosen bewahren. Sie zogen in die Wüste, um dort die Dämonen zu besiegen.

Dadurch – so meinten sie – würde die Welt heiler und heller werden. Wenn die unbewohnbare Wüste durch ihre Liebe bewohnbar würde, dann verwandle sich die ganze Erde, so daß sie zu einem Haus würde, in dem die Menschen sich zuhause fühlen.

18.

Ein Alter sagte: » Tu nichts ohne Gebet,
und du wirst nichts bedauern.«

Bu II 192

Wenn wir einfach drauflos arbeiten, werden wir oft blind für das eigentlich Notwendige. Wir meinen, wir müßten unsere Energie für dieses oder jenes Projekt einsetzen. Aber wir haben gar nicht geprüft, ob es sinnvoll ist. Wir helfen einem Menschen, aber wir merken gar nicht, daß dieser Mensch momentan etwas anderes bräuchte. Vielleicht täte ihm Stille besser, so daß er mit seiner eigenen Wahrheit konfrontiert würde. Oder wir lassen uns auf ein Geschäft ein, das uns schadet.

Das Gebet, so meint der Altvater, bewahrt uns davor, unüberlegt zu handeln. Wenn all unsere Aktivitäten vom Gebet getragen sind, dann werden sie Segen bringen. Und das Gebet wird uns bei unserem Handeln begleiten, damit wir eine gute und glückliche Hand haben. Das Gebet wird auch unsere innere Einstellung verwandeln. Wenn ich arbeite, um mich zu beweisen, übersehe ich die Risiken meines Handelns. Ich werde Arbeit annehmen, die nichts einbringt.

Das Gebet reinigt meine Motivation und dadurch macht es mein Handeln effektiver und klarer. Ich werde mich nicht blindlings in die Arbeit stürzen, sondern von Gott her beurteilen, was wichtig ist und wie ich die Arbeit vollbringen soll. So ist das Gebet die Voraussetzung, daß mein Handeln gelingt und zur Quelle des Segens wird für mich selbst und für viele andere.

19.

*Einer fragte den Abbas Paision: »Was soll ich mit
meiner Seele tun? Sie ist gefühllos und fürchtet Gott
nicht!« Er sagte zu ihm: »Geh und schließe dich
einem gottesfürchtigen Menschen an. Indem du dich
ihm nahst, lehrt er auch dich, Gott zu fürchten.«*

Apo 639

Die beste Schule ist die Begegnung mit einem reifen Menschen. Das gilt auch für das geistliche Leben. Der junge Mönch, der zu Abbas Paision kommt, hat sicher schon viel von Gott gehört. Er ist religiös erzogen worden. Aber die Worte über Gott dringen nicht in sein Herz. Sein Herz bleibt kalt. Es läßt sich nicht treffen von Gott. Es hätte keinen Sinn, wenn er noch mehr über Gott läse oder nachdächte. Denn das alles würde nur im Kopf bleiben. Es hilft wenig, spirituelle Techniken zu erlernen. Denn der Wille allein kann das Herz nicht für Gott öffnen, so daß es ihn fürchtet, so daß es ihn spürt.

Wenn wir zu einem Menschen in die Schule gehen, der Gott fürchtet, der sich von Gott in seinem Herzen berühren läßt, dann wird auch uns allmählich das Herz aufgehen. Aber es wird nicht genügen, nur auf die Worte dieses Menschen zu hören. Wir sollen ihn genau beobachten, um zu prüfen, ob er auch lebt, was er sagt. Wir sollen sein Herz spüren, ob es weit ist, barmherzig und liebevoll.

Wir schauen auf seine Hände, ob sie liebevoll mit den Dingen umgehen. Wir blicken in seine Augen, ob von ihnen Güte ausgeht.

Wenn wir erkennen, daß alles, was der andere tut, stimmig ist, dann wird sich auch in uns etwas verwandeln. Dann wird in uns die Sehnsucht angesprochen, uns von Gott so berühren zu lassen, daß unser Herz aufgebrochen wird. Die Nähe zu einem Menschen, der von Gott durchdrungen ist, führt auch uns zu Gott. In der Ausstrahlung dieses Menschen erahnen wir etwas vom Licht und von der Liebe Gottes, die uns durch diesen Menschen entgegenleuchtet.

20.

*»Mein Sohn, arbeite täglich nur so viel, als dein Körper,
wenn du liegst, Raum einnimmt, und so wird deine
Arbeit allmählich voranschreiten, und du wirst dabei
nicht verzagt sein.« Als der Jüngling das gehört hatte,
handelte er danach, und in kurzem war der Acker
gereinigt und urbar gemacht. »Mach auch du, Bruder, es
so, arbeite nach und nach, so wirst du den Mut nicht
verlieren.«*

Apo 1151

Da ist ein junger Mann, der sehr traurig ist, weil
sein Acker voller Dornen ist. Er hat nicht die Kraft
anzufangen, den Acker zu bearbeiten. Er denkt,
das hätte ja doch keinen Zweck, das würde er nie
schaffen. So geht es uns oft vor einer schwierigen
Aufgabe. Wenn wir keinen Überblick haben, wie
lange die Arbeit dauert und wieviel da auf uns zukommt, dann fühlen wir uns wie gelähmt. Wir stehen vor einem Berg und haben das Gefühl, daß
wir diesen Berg von Arbeit nie schaffen werden.
Wir wissen nicht, wo wir anfangen sollen, und lassen alles liegen.

Der Altvater gibt dem jungen Mann einen guten Rat. Er soll nicht auf den ganzen Acker schau-
en. Das würde ihn nur entmutigen. Es genügt, wenn
er jeden Tag soviel Erde umgräbt, wie sein Körper
Raum einnimmt. Das ist nicht viel. Das ist leicht
zu schaffen. Wenn er jeden Tag nur genau so viel

arbeitet, wird der Acker in kurzer Zeit urbar gemacht sein.

Wenn ich morgens aufstehe, so genügt es, für diesen Tag Gottes Segen zu erflehen. Heute möchte ich das tun, was von mir gefordert wird. Und wenn ich ins Büro komme, fange ich an einer Stelle an. Wenn ich eines nach dem anderen tue, wird am Abend doch einiges aufgearbeitet sein. Wenn ich aber vor den vielen Akten und Briefen, die auf meinem Schreibtisch liegen, erschrecke und mal da und mal dort anfange, werde ich nicht weiter kommen. Eins nach dem anderen, Schritt für Schritt, das ist ein Weg, den wir alle gehen können, ohne uns zu überfordern.

Das gilt nicht nur für die Arbeit im Haushalt, im Büro, in der Werkstatt, sondern auch für die Arbeit an uns selbst. Wenn wir vor unseren Fehlern zurückschrecken und meinen, wir würden uns nie bessern, dann fangen wir gar nicht an. Wir geben uns selbst auf. Jeden Tag einen kleinen Teil im Acker unserer Seele umzugraben, das genügt. Dann wird eines Tages die ganze Seele urbar gemacht sein.

Weisheitssprüche
des Evagrius Ponticus

21.

Sei ein Türhüter deines Herzens und laß keinen Gedanken ohne Befragung herein. Befrage einen jeden Gedanken einzeln und sprich zu ihm: Bist du einer der unseren oder einer unserer Gegner? Und wenn er zum Hause gehört, wird er dich mit Frieden erfüllen. Wenn er aber des Feindes ist, wird er dich durch Zorn verwirren oder durch eine Begierde erregen.

Brief 11

Es ist ein schönes Bild, das Evagrius hier für den Umgang mit den Gedanken zeichnet. Er greift damit das Bild auf, das Jesus in seiner Rede über die Wachsamkeit gebraucht. Der Herr, der auf Reisen geht, befiehlt dem Türhüter, wachsam zu sein. (Mk 13,34) Wir sollen also vor der Pforte unseres Hauses sitzen und jeden Gedanken, der an die Türe unseres Herzens klopft, befragen, ob er zu uns gehöre oder nicht. Wir sollen dabei ins Gespräch kommen mit dem Gedanken. Dann können wir entdecken, ob er ein ‚Hausbesetzer‘ ist, der uns selbst aus unserem Haus hinausdrängen möchte. Solche ‚Hausbesetzer‘ können heftiger Zorn, Eifersucht oder sexuelle Begierden sein. Wenn wir sie einlassen, können wir nicht mehr ruhig in unserem Haus wohnen. Dann bleibt vielleicht nur noch ein Kellerloch für uns übrig, in das wir uns zurückziehen können.

Evagrius rät uns, nur die Gedanken einzulassen, die uns Frieden bringen. Dann gehören sie in unser Haus. Dann kommen sie von Gott. Dann möchte Gott selbst in diesen Gedanken in unser Haus einziehen. Die Gedanken, die ständig in unserem Kopf herumschwirren, zu überprüfen und auf ihre Wirkung hin zu befragen, das ist eine der wichtigsten Aufgaben des Mönches.

Mit dieser Gedankenprüfung beginnt der geistliche Weg. Ohne sie könnten wir uns im Gebet nicht in die Kammer unseres Herzens zurückziehen, wie Jesus es uns beim Beten rät: »Du aber geh in deine Kammer, wenn du betest, und schließ die Tür zu; dann bete zu deinem Vater, der im Verborgenen ist.« (Mt 6,6) Wenn wir die Gedanken nicht prüfen, würden wir in unserer Kammer nicht Gott begegnen, sondern dem inneren Aufruhr, dem Chaos unserer Gefühle. Der Türhüter soll unser Gebet schützen. Wir brauchen einen zuverlässigen Türhüter, der nur die Gedanken einläßt, die uns mit Frieden erfüllen. Dann werden wir in der Kammer unseres Herzens Gott begegnen, der in uns verborgen ist und uns das Verborgene, das Verdrängte und Unbewußte aufdeckt und erhellt.

22.

*Wenn die Akedia uns versucht, dann ist es gut,
unter Tränen unsere Seele gleichsam in zwei Teile
zu teilen: in einen Teil, der Mut zuspricht, und in
einen Teil, dem Mut gemacht wird. Wir säen
Samen einer unerschütterlichen Hoffnung in uns,
wenn wir mit König David singen: »Warum bist
du betrübt meine Seele und bist so unruhig in
mir? Harre auf Gott, denn ich werde ihm noch
danken, meinem Gott und Retter, auf den ich
schaue.«*

Praktikos 27

Evagrius rechnet damit, daß der Türhüter unseres
Herzens nicht alle Gedanken abhalten kann. Manche werden sich erst mit ihrem wahren Gesicht
zeigen, wenn sie in unser Haus eingetreten sind.

Dafür benutzt Evagrius ein anderes Bild. Wir
sollen unsere Seele in zwei Teile teilen und einen
Dialog zwischen ihnen beginnen. Das ist ein Rat,
den uns die heutige Psychologie in ähnlicher Weise gibt. Wenn wir Traurigkeit und innere Unruhe
in uns spüren, hat es wenig Sinn, die depressiven
Gefühle aus uns herauszuwerfen. Sie werden immer wieder zurückkehren. Sie sind ein Teil unseres
Hauses. Damit müssen wir uns aussöhnen. Auch
die Unruhe hat einen Sinn, auch die Depression
darf sein. Wir dürfen sie nur nicht gewähren lassen. Wir müssen mit ihnen sprechen.

Evagrius rät uns für den Dialog mit unseren traurigen Gefühlen, einen Psalm zu sprechen, der beiden Stimmungen Ausdruck verleiht: der Traurigkeit und der Hoffnung. Zunächst sollen wir also in den Bereich unserer Seele eintreten, der traurig und betrübt ist, voller Unruhe. Wir sollen uns vertraut machen mit der inneren Unruhe. Was will sie uns sagen? Wie fühlt sie sich an? Wohin möchte sie uns führen? Wir sollen sie erst befragen, auf was sie uns hinweisen möchte. Dann können wir die Unruhe auf Gott lenken: »Harre auf Gott!«

Letztlich will Evagrius mit dieser Methode sagen, daß uns jedes Gefühl zu Gott führen möchte. Wir müssen das Gefühl ernst nehmen, es anschauen, es befragen und uns dann von ihm auf Gott verweisen lassen. Wir können nicht an unseren Gefühlen vorbei zu Gott gelangen, sondern nur durch sie hindurch. Alle unsere Emotionen, ob es nun Angst, Ärger, Haß, Eifersucht, Bitterkeit, Traurigkeit ist, geben nicht Ruhe, bis sie uns in Gott hineingetrieben haben und in Gott Ruhe finden.

23.

Es ist für uns sehr wichtig, daß wir die verschie-
denen Dämonen auch zu unterscheiden lernen
und daß wir die Begleitumstände ihres Kommens
feststellen können ... Weiterhin sollen wir darauf
achten, welche der Dämonen seltener angreifen
und welche die lästigeren sind, welche schneller
wieder das Feld räumen und welche stärkeren
Widerstand leisten. Schließlich sollten wir auch
die kennen, die unvermittelt angreifen und den
Menschen zur Gotteslästerung verleiten.

Praktikos 43

Evagrius rät in dieser Weisung zu einer genauen
Beobachtung der eigenen Gedanken und Gefühle.
Manchmal spricht er von Gedanken, die von den
Dämonen eingegeben werden. Manchmal identi-
fiziert er die Gedanken mit den Dämonen. Wir
sollen die Eigenart der Gedanken erforschen. Wie
fühlen sich die Gedanken an? Wie lange bleiben
sie im Herzen? Wann kommen sie? Was sind die
äußeren Umstände? Wir werden dann erkennen,
daß etwa sexuelle Phantasien immer dann auftauchen, wenn wir mit uns unzufrieden sind, wenn
wir von außen bestimmt werden und wenn wir zu
wenig mit unseren Sinnen leben. Oder wir werden
entdecken, daß der Zorn in uns auftaucht, wenn
wir uns zu sehr angepaßt und anderen Menschen
zuviel Macht über uns gegeben haben.

Evagrius bewertet die Gedanken nicht. Er beobachtet einfach. Das ist die Voraussetzung, daß wir mit den Gedanken gut umgehen können. Tief in uns ist die Tendenz, alle Gedanken sofort zu bewerten. Wenn wir Haß in uns spüren, verurteilen wir uns selbst. Wir sagen uns dann, daß das nicht sein darf, daß wir schlechte Christen sind. Evagrius geht nüchterner damit um. Der Haß ist in uns. Worauf verweist er uns? Wann ist er in uns eingetreten? Was waren die Begleitumstände? Was will er uns sagen? Erst wenn wir wertfrei betrachten, was sich in unserer Seele abspielt, werden wir Wege finden, mit den Gedanken so umzugehen, daß sie keine Macht über uns bekommen.

24.

Sollte ein Mensch aus eigener Erfahrung die
schlimmen Dämonen kennenlernen und sich mit
ihrer Kunst vertraut machen wollen, rate ich ihm
gut, seine Gedanken zu beobachten. Achten sollte er
auf ihre Intensität, auch darauf, wann sie nachlas-
sen, wann sie entstehen und wieder vergehen. Er
sollte die Vielfalt seiner Gedanken beobachten, die
Regelmäßigkeit, mit der sie immer wieder auftau-
chen, die Dämonen, die dafür verantwortlich sind,
welcher die jeweils vorausgegangenen ablöst und
welcher nicht. Dann sollte er Christus bitten, ihm all
das zu erklären, was er beobachtet hat.

Praktikos 50

Diese Ratschläge für die Beobachtung der Gedan-
ken könnten genauso gut in einem psychologischen
Buch stehen. Auch hier spüren wir, wie angstfrei
Evagrius mit den Gedanken und Gefühlen umgeht.
Wir sollen uns mit den Gedanken vertraut machen.
Wir sollen uns also in sie hineinspüren.

Wie fühlen sie sich an? Welche Bilder tauchen
auf, wenn ich in meinen Zorn hineingehe? Tauchen da Gesichter auf, denen der Zorn eigentlich
gilt? Welche Menschen rufen in mir diesen Zorn
hervor? Warum gerade diese? Erinnern sie mich
an Personen aus meiner Lebensgeschichte? Dann
wäre es wichtig, daß ich mich mit diesen Personen
auseinandersetze. Vielleicht entdecke ich dann die

Verletzungen, die mir damals diese Personen zugefügt haben.

Ich habe die Verletzungen verdrängt. Aber bei der Begegnung mit bestimmten Menschen tauchen sie wieder auf. Und sie hindern mich daran, angemessen mit diesen Personen umzugehen. Ich vermische sie mit den Erfahrungen, die ich in meiner Kindheit gemacht habe. Ich höre in ihrer Stimme die Stimme der Menschen, die mich irgendwann einmal in meiner Lebensgeschichte verletzt haben.

Evagrius gibt uns den interessanten Rat, Christus zu bitten, uns alles zu erklären, was wir in uns beobachtet haben. Wir sollen nicht bei der Beobachtung der Gedanken stehen bleiben, sondern sie in unser Gebet hineinnehmen. Das Gespräch mit Christus kann uns erklären, was diese Gedanken und Gefühle eigentlich wollen. Wenn ich meine Gedanken Christus hinhalte und sie von ihm prüfen lasse, werde ich ihren eigentlichen Sinn erkennen.

Vielleicht sehe ich dann, daß Christus mich ermutigen möchte, mich auszusöhnen mit meiner Menschlichkeit, mit meiner Empfindlichkeit, mit meiner Sexualität. Er läßt es zu, daß der Zorn mich so stark schüttelt, damit ich endlich von meinen Bildern eines idealen spirituellen Menschen lasse und in aller Demut zugebe, wie ich eigentlich beschaffen bin. Christus möchte mir zeigen, daß ich nur dann zu Gott kommen werde, wenn ich den Mut aufbringe, in meine Wirklichkeit hinabzusteigen.

25.

So lange der Mensch nur gegen seine Leidenschaften ankämpft, kann er nicht klar den Sinn seines Kämpfens erkennen, denn er gleicht einem Menschen, der im Dunkel der Nacht kämpft. Wer aber zur Klarheit des Herzens gefunden hat, kann die Absichten seines Gegners klar erkennen.

Praktikos 83

Es macht wenig Sinn, frontal gegen seine Leidenschaften anzukämpfen. Denn je mehr ich gegen meinen Zorn, gegen meine Eifersucht, gegen meine Sexualität kämpfe, desto stärker wird die Gegenkraft, die die Leidenschaften mir entgegensetzen. Und ich werde auf die Leidenschaften fixiert sein. Ich werde meine ganze Energie dafür aufbrauchen, gegen meine Triebe anzugehen. Diese Energie wird mir bei der Bewältigung meiner Aufgaben fehlen. Leider kreisen manche Christen nur um ihre Sünden, anstatt sich mit ganzer Kraft Gott und den Menschen zuzuwenden.

Die Bedingung für den richtigen Umgang mit den Leidenschaften ist für Evagrius, daß ich zur Klarheit des Herzens gefunden habe. Damit meint er die Kontemplation, den Zustand der inneren Ruhe. In der Kontemplation finde ich zu meiner Mitte, zu dem inneren Ort des Schweigens, in dem Gott selbst in mir wohnt. Von diesem Ort aus kann ich klar erkennen, was die Leidenschaften eigentlich wollen, welche Kraft in ihnen steckt, wo sie mir dienen möchten und wo sie gefährlich werden können.

Wer blind gegen seine Leidenschaften ankämpft, der wird immer verlieren. Wer aber die Absichten der Leidenschaften klar erkennt, der kann sie in seinen spirituellen Weg integrieren. Dann wird er keine Angst mehr vor ihnen haben. Sie werden sich in ihm weiterhin regen. Aber sie werden ihm wie Freunde, die ihn immer wieder daran erinnern, daß er ein Mensch dieser Erde ist. Und nur wenn er seine Menschlichkeit und Erdhaftigkeit akzeptiert, kann in der Kontemplation der Himmel über ihm aufgehen.

26.

Die vernunftbegabte Seele verhält sich unter folgenden
Bedingungen ihrer Natur entsprechend:
Wenn ihr begehrlicher Teil nach Tugend strebt, ihr
erregbarer Teil darum kämpft, sie zu verwirklichen, und
ihr rationaler Teil schließlich zur Kontemplation der
geschaffenen Dinge findet.

Praktikos 86

*E*vagrius geht es darum, daß der Mensch gesund
lebt, sich seinem Wesen entsprechend verhält.
Geistlicher Weg ist keine Vergewaltigung der Seele, sondern ein Weg zu ihrer Gesundung, ein Weg,
ihr eigentliches Wesen zu verwirklichen. Jeder der
drei Seelenbereiche hat eine wichtige Aufgabe.

Der begehrliche Teil, der von den Leidenschaften der Eßsucht, der Sexualität und des Besitz-
strebens angefochten wird, hat die Aufgabe, daß
wir nach Tugend streben. Tugend ist die Tauglich-
keit des Menschen. Für die Lateiner ist Tugend
»virtus« eine Kraft, die der Mensch braucht, um
sein Leben zu bestehen. Die Triebe wollen uns eigentlich antreiben, daß wir richtig leben, daß wir
in uns die Kräfte entfalten, die Gott uns geschenkt
hat. Wir sollen erkennen, was das tiefste Begehren
unseres Herzens ist. Für Evagrius besteht es nicht
nur darin, mit Gott eins zu werden, sondern auch
im Gelingen unseres Lebens zu uns selbst zu finden.

Der erregbare Teil im Menschen ist der Bereich der Emotionen. Die Emotionen bewegen uns, etwas zu tun. Letztlich möchten sie uns dazu bewegen, um die Tugend zu kämpfen und sie in unserem Alltag zu verwirklichen.

Der geistige Bereich in uns hat die Kontemplation der geschaffenen Dinge als Ziel, daß wir in allen Dingen Gott erkennen. Unser Geist zielt auf Erkenntnis. Solange wir nur unser Wissen vermehren, wird unser Geist unruhig bleiben. Erst wenn wir den Dingen auf den Grund sehen und in ihnen Gott selbst erkennen, kommt unser Denken ans Ziel. Die Kontemplation erst macht unseren Geist gesund.

27.

Jemand aus dem Kreis der sogenannten Weisen kam einmal zum heiligen Antonius und hatte folgende Frage: »Wie schaffst du es nur, Vater, ein solches Leben zu führen, wo du doch nicht einmal Trost in den Büchern schöpfen kannst?« Der Heilige antwortete ihm: »Mein Buch, verehrter Philosoph, ist die Natur der geschaffenen Dinge, und dieses Buch liegt immer vor mir, wenn ich mich in Gottes Wort vertiefen möchte.«

Praktikos 92

Viele meinen, ein Mönch würde Tag und Nacht das Wort Gottes meditieren, wie es uns in der Heiligen Schrift überliefert ist. Doch für Antonius spricht Gott nicht nur in der Heiligen Schrift, sondern ebenso in der Schöpfung. Natürlich hat Antonius die Worte der Bibel meditiert. Vermutlich konnte er – wie so viele Mönche – die ganze Heilige Schrift oder wenigstens große Teile aus ihr auswendig.

Aber ein Buch, aus dem er ständig Gottes Wort lesen konnte, war die Natur. Er sah in der Natur Gottes Schönheit, spürte in ihr Gottes Geist. Die ganze Schöpfung ist vom Geist Gottes durchdrungen. So können wir in der Schöpfung den Schöpfer selbst berühren, betasten, riechen, schauen und hören. Gott ist nicht etwas Intellektuelles. In der Schöpfung erfahren wir ihn mit all unseren Sinnen. Aber es braucht eine ganz bestimmte Art und

Weise, wie wir mit der Schöpfung umgehen. Antonius spricht von der Natur der geschaffenen Dinge.

Die Natur, das Wesen der geschaffenen Dinge zu erkennen, ist die erste Stufe der Kontemplation. Ich beurteile die Dinge nicht, sondern ich schaue ihnen auf den Grund. Ich erkenne ihr Wesen. Ich sehe in ihr Gottes gute Hand am Werk. Ich schaue in ihr Gott selbst. Dieser Zugang zu Gott über die Natur fällt heute manchen Menschen leichter als das Studieren theologischer Bücher. Sie könnten bei Antonius in die Schule gehen, damit sie ihre Augen schärfen und in der Schöpfung den Schöpfer selbst erkennen und schauen.

28.

*Wenn schon Moses sich dem brennenden Dornbusch so
lange nicht nähern konnte, bis er seine Schuhe ausgezo-
gen hatte, warum solltest du dich dann nicht erst von
jedem deiner durch Leidenschaft verursachten Gedanken lösen, damit du dem einen dich nähern kannst, der
jenseits aller Gedanken und Begriffe ist?*

Gebet 4

Es ist ein großes Anliegen des Evagrius, daß wir
ohne Zerstreuung beten können. Das Ziel des Betens ist, mit Gott eins zu werden, ohne daß sich
unsere Gedanken dazwischen schieben. Das wird
uns nur gelingen, wenn wir uns dabei selbst vergessen. Wenn ich nicht mehr auf mich schaue, sondern auf Gott und seine Liebe, dann bin ich in Gott,
dann werde ich eins mit seiner Liebe.

Der erste Schritt zu diesem Einswerden mit Gott
besteht für Evagrius darin, daß wir wie Mose
unsere Schuhe ausziehen. Die Schuhe sind ein Sym-
bol für die Leidenschaften. Solange die Leidenschaften noch in uns sind, können wir nicht wirklich beten. Denn dann wird unser Gebet immer
gestört durch unseren Ärger, durch unsere Eifersucht und Traurigkeit. Wir denken ständig ans
Essen, wenn wir beten. Oder sexuelle Phantasien
tauchen auf. Es hat keinen Zweck, sich dann zur
Konzentration zwingen zu wollen. Wir müssen
zuerst die Leidenschaften ablegen. Wir können sie

jedoch nur loslassen, wenn wir uns zuvor mit ihnen vertraut gemacht und mit ihnen gekämpft haben. Der richtige Umgang mit den Leidenschaften ist daher die Voraussetzung für das Gelingen des Betens.

Beten ist nicht einfach eine Technik der Konzentration auf Gott. Beten heißt vielmehr Einswerden mit Gott. Dafür aber muß alles in uns mit Gott eins werden, gerade auch die Leidenschaften. Die Schuhe ausziehen bedeutet für Evagrius, daß wir von unseren Leidenschaften Abstand gewinnen müssen. Dann können wir sie Gott hinhalten, damit er sie erleuchte und verwandle.

Wenn wir mit unseren Leidenschaften zusammenwachsen, dann haben sie uns im Griff. Sie hindern uns am Beten. Die Schuhe ausziehen heißt aber auch, sie in die Hand zu nehmen. Ich muß meine Leidenschaften erst annehmen, in die Hand nehmen und anschauen. Dann kann ich sie ablegen. So werde ich mit nackten Füßen, wie ich bin, vor Gott treten. Die Leidenschaften stehen nicht mehr zwischen mir und Gott. Das Feuer der göttlichen Liebe kann meinen Leib und meine Seele durchdringen und verwandeln, wie es den Dornbusch verwandelt hat.

29.

Das Gebet vertreibt die Traurigkeit und die Mutlosigkeit.

Gebet 16

Evagrius beschreibt nicht nur den mühsamen Weg, um zu einem Beten zu gelangen, das nicht mehr von Gedanken, Emotionen, Bedürfnissen und Sorgen gestört wird. Er preist immer wieder auch die wohltuende Wirkung des Gebetes auf die Seele des Menschen. Das Gebet vertreibt Traurigkeit und Mutlosigkeit. Heute leiden viele an Depressionen. Sie versuchen, die Depression mit Medikamenten in den Griff zu bekommen. Oder sie machen eine Therapie, um von ihren depressiven Stimmungen loszukommen. Die frühen Mönche sehen im Gebet die eigentliche Therapie für die Seele. Wer den Weg des Gebetes geht, der wird von Traurigkeit und Mutlosigkeit geheilt.

Doch wie kann das Gebet unsere depressive Seele heilen? Evagrius denkt hier sicher nicht an das Bittgebet, daß wir Gott anflehen, er möge uns von unserer Depression heilen. Vielmehr besteht das Gebet für Evagrius darin, daß ich meine traurigen Gefühle Gott hinhalte. Ich setze mich mit meinen depressiven Stimmungen vor Gott und stelle mir vor, wie Gottes Liebe in meine Traurigkeit und Mutlosigkeit hineinströmt. Ich konzentriere mich auf meinen Atem und lasse im Atem Gottes Liebe und Gottes Licht in die dunklen Abgründe meiner Depression eindringen. Dann kann es sein, daß sich meine Stimmung langsam aufhellt, daß ich mitten in meiner Traurigkeit einen tiefen Frieden spüre.

Ich kann meinen Atem auch mit dem Jesusgebet verbinden. Mit jedem Atemzug spreche ich das Gebet in meine Traurigkeit hinein: »Herr Jesus Christus, Sohn Gottes, erbarme dich meiner!« Ich lasse meine depressive Stimmung zu. Ich kämpfe nicht dagegen an. Aber ich lasse mich von ihr auch nicht gefangen nehmen. Ich spreche das Gebet in meine traurige Stimmung hinein. So kann sich das Gefühl langsam aufhellen.

Manchmal braucht es allerdings lange, bis das Gebet mitten in meiner Traurigkeit einen Raum des Friedens schafft. Im Gebet steigt dann der Engel Gottes hinein in meine Traurigkeit und Mutlosigkeit und umgibt mich mit einem Mantel der Hoffnung und der Freude. Der therapeutische Weg des Gebetes könnte uns nicht nur bei Traurigkeit und Mutlosigkeit, sondern auch bei Angst und Ohnmacht, bei Ärger und Enttäuschung helfen. Wir müßten nicht bei jedem Problem gleich eine Therapie anfangen. Das Gebet könnte vieles in uns heilen, bei dem wir uns die Hilfe von kompetenten Ärzten oder Psychologen erhoffen.

30.

*Geh, verkaufe, was du hast, und gib das Geld
den Armen, nimm dein Kreuz auf dich,
damit du, ohne abgelenkt zu werden,
beten kannst.*

Gebet 17

Evagrius formuliert hier das Nachfolgewort Jesu
auf eigenwillige Weise um. Im Matthäusevangelium
sagt Jesus zu dem reichen Jüngling: »Wenn du voll-
kommen sein willst, geh, verkauf deinen Besitz und
gib das Geld den Armen; so wirst du einen blei-
benden Schatz im Himmel haben; dann komme
und folge mir nach.« (Mt 19,21) Evagrius setzt
also die Nachfolge Jesu mit dem Beten ohne Zerstreuung gleich. Das ist eine kühne Umdeutung des
Wortes Jesu. Die eigentliche Nachfolge vollzieht
sich im Gebet, in der Kontemplation.

Die Voraussetzung für das Gebet ohne Zerstreuung ist aber, daß wir alles, woran wir uns hängen,
wovon wir abhängen, verkaufen und den Armen
geben. Wir sollen uns frei machen von allem, was
wir besitzen. Das gilt nicht nur für den äußeren
Besitz, sondern für alles, womit wir uns identifizieren: für unsere Gewohnheiten und unsere Gedanken, für unsere Arbeit, für unsere Sorgen, für
unseren Erfolg und unseren guten Ruf. Die innere
Freiheit ist die Voraussetzung für ein Gebet, in dem
wir mit Gott eins werden.

Evagrius nennt noch eine andere Voraussetzung für die Kontemplation: Wir sollen unser Kreuz auf uns nehmen. Das Kreuz ist die Einheit aller Gegensätze. Wir sollen also alles Gegensätzliche in uns annehmen, auch die Schattenseiten, die unser idealisiertes Selbstbild verdunkeln. Und das Kreuz annehmen bedeutet, »Ja« zu sagen zu allem, was uns durchkreuzt, »Ja« zu sagen zum Leid, das uns trifft, zum Scheitern, zu zerbrochenen Beziehungen, zu den Brüchen in unserer Lebensgeschichte.

Nur wenn wir uns mit dem Kreuz aussöhnen, das uns das Leben auflädt, werden wir fähig, ohne Zerstreuung beten zu können. Wirklich beten kann nur der, der sich bedingungslos annimmt. Sonst würde er ständig von dem gestört, wogegen er innerlich rebelliert.

31.

Möchtest du beten, wie es richtig ist, dann sei für niemanden Grund zur Traurigkeit, sonst nämlich mühst du dich umsonst.

Gebet 20

Beten verlangt nicht nur, daß wir uns von unseren Leidenschaften befreien und uns mit uns selbst aussöhnen. Beten fordert uns auch zu einem neuen Umgang miteinander heraus. Wir können nicht richtig beten, wenn unsere Beziehungen nicht stimmen. Wir sollen für niemanden ein Grund zur Traurigkeit werden. Wir sollen niemanden kränken und verletzen. Sonst mühen wir uns im Gebet vergebens. Denn dann werden uns während unseres Betens immer wieder die Menschen vor Augen geführt, die wir verwundet haben. Das Beten führt uns in die Wahrheit. Es deckt alles auf, was wir verkehrt gemacht haben.

Wer einen anderen kränkt und dann zu beten versucht, dem wird es nicht gelingen. Entweder wird in seinem Innern die Situation auftauchen, in der er den anderen verletzt hat. Dann wird er sich damit beschäftigen. Oder er wird versuchen, den anderen aus seinem Herzen zu verdrängen. Dann wird er sich hart machen. Aber diese Härte wird ihn auch Gott gegenüber verschließen. Er wird nicht zu Gott vordringen. Nur wenn er sein verletzendes Verhalten vor Gott hält und ihn um Vergebung bittet, wird er beten können. Aber dann wird das Gebet ihn dazu treiben, sich bei dem Nächsten, den er gekränkt hat, zu entschuldigen und die Verletzung wiedergutzumachen. Das Gebet fordert uns zu einem Verhalten heraus, das dem Geist des Gebetes entspricht.

32.

»Laß deine Gabe vor dem Altar, gehe und versöhne dich
erst mit deinem Bruder«, rät uns unser Herr – dann
wirst du ungestört beten können. Groll nämlich trübt
den Geist des Menschen, der betet, und wirft einen
Schatten über sein Gebet.

Gebet 21

Auch hier interpretiert Evagrius das Wort Jesu aus der Bergpredigt auf eigenartige Weise. Im Matthäusevangelium heißt es: »Wenn du eine Opfergabe zum Altar bringst und dir dabei einfällt, daß dein Bruder etwas gegen dich hat, so laß deine Gabe dort vor dem Altar liegen; geh, versöhne dich zuerst mit deinem Bruder, dann komm und opfere deine Gabe.« (Mt 5,23f) Für Jesus ist die Versöhnung mit dem Bruder also eine notwendige Voraussetzung, wenn man seine Gabe auf dem Altar opfern will. Evagrius setzt das Gebet ohne Zerstreuung mit der Opferung der Gaben gleich. Das wahre Opfer des Christen ist das Gebet. Das Ziel des Opfers ist es ja, daß etwas Irdisches in den göttlichen Bereich hineingehoben wird. Im Gebet wird der Mensch in den Bereich Gottes emporgehoben. Da wird er eins mit Gott.

Aber die Voraussetzung für ein Beten ohne Zerstreuung ist die Versöhnung mit dem Bruder und der Schwester. Evagrius sieht das vor allem von der psychologischen Ebene her. Solange ich gegen einen anderen Groll hege, kann ich nicht beten. Denn der Groll trübt meinen Geist und verdunkelt ihn. Gebet aber verlangt innere Klarheit.

Jesus sagt, wir sollen die Opfergabe vor dem Altar liegen lassen, wenn wir uns daran erinnern, daß ein Bruder oder eine Schwester etwas gegen uns hat. Oft projizieren andere ohne unser Zutun ihre Probleme auf uns. Wenn einer mit sich unzufrieden ist, wird er immer andere brauchen, die er als Sündenbock für seine unaufgearbeiteten Probleme benutzt. Das können wir nicht verhindern. Doch es steht in unserer Macht, daß uns der eigene Groll gegen ihn nicht überwältigt. Wir dürfen seine Projektion nicht mit einer Gegenprojektion beantworten. Wir müssen uns innerlich mit dem anderen aussöhnen, d.h. an den guten Kern in ihm glauben und für seinen inneren Frieden beten. Nur dann wird das Gebet gelingen.

33.

Der Mensch, der Kränkungen und Verstimmungen nicht
vergessen kann und trotzdem zu beten versucht, gleicht
einem Menschen, der aus einer Quelle Wasser schöpft
und es in ein Faß voller Löcher gießt.

Gebet 22

*H*ier hat Evagrius eine andere Situation vor Augen. Ein Bruder oder eine Schwester hat uns gekränkt. Oder wir haben uns über sie geärgert. Auch dann werden wir erst zu beten vermögen, wenn wir die Kränkungen und Verstimmungen vergessen. Die Frage ist, wie das gehen soll.

Das Gefühl des Ärgers und des Verletztseins wird in uns einfach auftauchen, sobald wir zu beten beginnen. Es zu verdrängen wird nicht helfen. Denn das Verdrängte wird gerade zur Zeit des Gebetes wieder auftauchen. Wir sollen nicht verdrängen, sondern die Gefühle anschauen und Gott hinhalten. Ich sage Gott, daß der oder jener mich sehr gekränkt hat, daß es mir sehr weh tut und daß ich davon nicht loskomme. Ich mache dem anderen keine Vorwürfe. Ich beschuldige auch mich nicht, weil ich es nicht vergessen kann. Aber indem ich die Kränkung Gott hinhalte, bekomme ich Abstand dazu. Und dann kann ich sie lassen. Ich muß sie nicht aufarbeiten. Ich schaue sie an und übergebe sie Gott. Das befreit mich von ihr.

Evagrius vergleicht den, der ständig um seine Verletzungen kreist und sich dabei im Selbstmitleid badet, mit einem, der aus einer Quelle Wasser schöpft und es in ein Faß voller Löcher gießt. Das Gebet ist die Quelle, aus der wir schöpfen können, um zu trinken oder um den Acker unserer Seele zu bewässern. Wenn wir aber das Wasser in ein Faß voller Löcher gießen, dann wird es nutzlos zerrinnen. Das Gebet wird keine Wirkung zeigen. Damit das Wasser des Gebetes den Acker meiner Seele tränken und befruchten kann, muß ich die Kränkungen und Verstimmungen in Gott hinein loslassen. Dann hören sie auf, meine Seele zu zerfressen.

34.

Wenn alle uns beunruhigenden Gedanken
augenblicklich verschwinden, tiefer Friede sich in uns
ausbreitet und wir so zum reinen Gebet gekommen sind,
ist das ein Zeichen, daß ein Engel uns nahe ist.
Aber es gibt auch Zeiten, in denen wir sehr unruhig sind
und so hart von den verschiedenen Leidenschaften
bedrängt werden, daß wir keinen Augenblick zur Ruhe
kommen. So lange wir nur nicht aufgeben, uns zu
wehren, werden wir aber schließlich gewinnen.
Wir brauchen nur hartnäckig genug zu klopfen, dann
wird uns schon die Türe geöffnet werden.

Gebet 30

*E*vagrius rechnet damit, daß es Zeiten gibt, in denen wir kaum beten können, weil wir innerlich zu
unruhig sind. Wir werden dann bedrängt von Sorgen und Leidenschaften. Wir sind so sehr mit uns
selbst beschäftigt, daß wir kaum zu Gott aufblik-
ken können. Es ist tröstlich, daß selbst ein so er-
fahrener geistlicher Lehrer wie Evagrius von solchen Zuständen aus eigener Erfahrung weiß. Was
wir tun können, ist, nicht aufzugeben, es immer
wieder zu versuchen, unser Herz Gott hinzuhalten, bis Gott selbst es mit einem tiefen Frieden erfüllt. Dann kann es sein, daß wir auf einmal in uns
eine friedvolle Ruhe wahrnehmen. Das ist für
Evagrius ein Zeichen, daß ein Engel Gottes uns
nahe ist.

Der Engel ist Bild für die heilende und liebende Gegenwart Gottes. Die Engel schauen Tag und Nacht Gottes Antlitz. Wenn ein Engel bei uns ist und über unser Gebet schützend wacht, dann wird unser Herz in Gott ruhig, wir sind zum reinen Gebet gelangt. Reines Gebet, das ist für Evagrius die Kontemplation. Da ist unser Gebet nicht mehr getrübt durch irgendwelche Gedanken und Vorstellungen. Wir sind einfach in Gott. Wir sind eins mit Gott. Nichts stört diese Einheit mit Gott, keine Überlegung, keine Leidenschaft, auch kein Bild, das wir uns von Gott machen. Wir fühlen nur noch Einssein. Wir sind eins mit uns selbst, mit unserer Lebensgeschichte, eins mit Gott, eins mit dem Engel, der im Gebet bei uns ist und uns beten hilft, und eins mit allen Menschen.

35.

*Du solltest nicht so sehr das Ziel verfolgen, sofort
Erhörung für deine Bitten zu finden, und dich auch nicht
so hartnäckig dabei verhalten. Der Herr möchte dir
vielleicht ein noch größeres Geschenk machen als das,
worum du gebeten hast, und möchte damit deine
Ausdauer belohnen. Gibt es denn etwas, das besser ist als
ein inniger Umgang mit Gott und höher, als ganz in
seiner Gegenwart zu leben? Ein Gebet, das durch nichts
mehr abgelenkt wird, ist das Höchste, das der Mensch zu
Wege bringt.*

Gebet 34

Viele geben das Beten auf, wenn ihre Bitten nicht
erhört worden sind. Sie haben das Gefühl, alles
Beten sei umsonst gewesen. Sie sind trotzdem krank
geworden. Die lieben Menschen, für deren Gene-
sung sie so intensiv gebetet haben, sind trotzdem
gestorben. Und Gott hat mir meine Angst nicht
genommen, obwohl ich ihn so sehr darum gebeten
habe. Für manche besteht das Beten vor allem im
Bitten. Und sie messen den Nutzen ihres Betens
vor allem an der Erhörung ihrer Bitten.

Evagrius gibt uns einen anderen Weg an. Wenn
Gott uns nicht sofort erhört, dann deshalb, weil er
uns ein größeres Geschenk machen möchte als das,
worum wir gebetet haben. Vielleicht waren wir in
unserem Bitten allzu sehr fixiert auf unsere Wünsche. Und wir meinten, unsere Wünsche müßten

unbedingt erfüllt werden. Sonst könnten wir nicht weiterleben. Wir dürfen und sollen unsere Wünsche vor Gott ausbreiten. Aber dann muß am Ende jeder Bitte stehen: »Dein Wille geschehe.« Ich ringe im Gebet um die Gesundung meines Freundes. Aber wenn er trotzdem stirbt, war das Beten dennoch nicht umsonst. Ich habe meine Ohnmacht vor Gott getragen. Und ich versuche, das Geheimnis seines Willens zu erforschen und mich in Gott hinein zu ergeben.

Das Ziel allen Betens ist für Evagrius ein inniger Umgang mit Gott, das Leben in seiner Gegenwart, das Einswerden mit Gott in einem Gebet, das durch nichts mehr abgelenkt wird. Darin besteht für Evagrius die Würde des Menschen, daß er im Gebet mit Gott eins werden darf, daß er eine persönliche intime Beziehung zu Gott erfahren darf, daß er immer und überall von seiner liebenden und heilenden Gegenwart eingehüllt ist.

Das Bitten, das nicht den gewünschten Erfolg gebracht hat, hat unser Herz in Gott hineingehoben. Und so ist eine Beziehung gewachsen, die mehr wert ist als die Erfüllung unserer Bitten. Durch das Gebet haben wir erst unsere wahre Würde entdeckt, daß wir am Göttlichen Anteil gewinnen und in der Ekstase der Liebe mit Gott eins werden dürfen.

36.

Wenn du beim Gebet bist, kommt es vor, daß in dir Dinge aufsteigen, mit denen du dich in der Vergangenheit beschäftigt hast, oder die dir gegenwärtig wichtig sind. Oder es kann sein, daß du an Personen denken mußt, denen du einmal weh getan hast.

Gebet 45

*D*as Beten konfrontiert uns mit der eigenen Wahrheit. Es wird alles auftauchen, was uns innerlich bewegt. Es tauchen die Konflikte der Vergangenheit auf, die Verletzungen und Wunden unserer Kindheit. Es kommt das in uns hoch, was uns gerade beschäftigt: die Sorgen um die finanzielle Zukunft, das Bangen um die Entwicklung der Kinder, das Leiden an den eigenen Ängsten, die innere Unzufriedenheit, die Unruhe. Oder aber es tauchen die Personen auf, die wir selbst verletzt haben. Das Beten deckt uns auf, wo wir schuldig geworden sind. Wir sollen dann nicht um unsere Schuld kreisen und nicht um unsere Sorgen und Probleme. Wir sollen sie vielmehr Gott hinhalten. Wir sollen unsere Augen auf Gott richten. Dann beruhigt er unser Herz mitten in den Turbulenzen unseres Lebens, mitten in den Schuldgefühlen, die uns sonst zerfleischen würden.

Beten ist keine Flucht vor der Wirklichkeit. Ich kann mir im Gebet nichts vormachen, indem ich vor der wenig erfreulichen Wirklichkeit davonlaufen möchte. Im Gebet wird die Wahrheit meines Lebens offenbar. Und die ist nicht immer angenehm. Da taucht eben alles auf, was ich verkehrt gemacht habe, wo ich andere gekränkt habe, wo ich ihnen nicht gerecht geworden bin. Da werden sich meine Enttäuschungen in meinem Herzen melden.

Viele fliehen daher vor der Stille des Gebetes. Sie stürzen sich lieber in hektische Aktivitäten, um der Wahrheit ihres Herzens auszuweichen. Eine Weise der Flucht besteht auch darin, daß wir beim Beten durch unsere vielen Worte jeden Dialog mit Gott verhindern und so Gott keine Chance lassen, uns in die Wahrheit zu führen. Das Gebet, in dem unsere Wahrheit offenbar wird, ist ein Gebet der Stille, ein Gebet, in dem wir uns schutzlos Gott aussetzen, in dem wir alles, was in uns ist, vor Gott bringen, damit er es verwandle und heile.

37.

Wache darüber, daß du dich während deines Gebetes an keine Vorstellungen hängst, sondern in tiefer Stille verharrst. So nur wird er, der sich der Unwissenden erbarmt, einen so unbedeutenden Menschen wie dich besuchen und dich mit der größten aller Gaben beschenken, dem Gebet.

Gebet 69

Viele schwärmen davon, daß sie im Gebet eine schöne Gestalt gesehen haben, daß ihnen Jesus oder Maria begegnet ist. Dann fühlen sie sich als etwas Besonderes. Oder sie ergötzen sich an den Bildern, die in ihnen aufsteigen. Doch wenn ich mich mit meinen Bildern beschäftige, stehen die Bilder zwischen mir und Gott. Gott ist jenseits der Bilder. Die Vorstellungen, die ich mir von Gott mache, sind zwar wichtig, um mein Herz zu Gott zu erheben. Doch ich muß meine Bilder irgendwann einmal hinter mir lassen. Sonst beschäftige ich mich nur mit mir selbst und meinen Projektionen.

In der reinen Stille vor Gott hören die Gedanken über Gott auf. Solange ich über Gott nachdenke, bin ich von ihm getrennt, besteht eine unüberbrückbare Distanz zwischen Gott und mir. Solange ich mich mit den Bildern beschäftige, kreise ich letztlich nur um mich und meine schönen Gefühle, die diese Bilder auslösen. Es geht aber darum, all das hinter sich zu lassen und sich im reinen Schweigen in Gott hineinfallen zu lassen.

Dann – so sagt Evagrius – wird Gott dich besuchen und dir die größte Gabe schenken, die es für den Menschen gibt: das Gebet. Das Gebet ist für Evagrius keine Pflicht. Es ist das größte Geschenk, das es gibt. Es entspricht der Würde des Menschen. Man spürt die Faszination, die das Beten auf Evagrius ausgeübt hat. Er erfährt darin, zu welcher Würde Gott den Menschen erhoben hat.

Der Mensch, unbedeutend und klein, immer wieder versagend und sein Leben verfehlend, verletzt und verletzend, krank und kränkend, ist er dennoch dazu berufen, mit Gott eins zu werden, seine Seele zu Gott zu erheben und mit Gott zu verschmelzen. Um dieses höchste Ziel des Menschen zu erreichen, lohnt es sich, sich immer wieder neu um das Gebet zu bemühen.

38.

Wenn du wirklich betest, entsteht in dir ein tiefes Gefühl des Vertrauens. Engel werden dich begleiten und dir den Sinn der ganzen Schöpfung erschließen.

Gebet 80

Neben dem Frieden ist die größte Frucht des Betens das Vertrauen. Es ist das Vertrauen, daß alles gut ist. Kontemplation ist für Evagrius die Zustimmung zum Sein, das Einverstandensein mit dem eigenen Leben, mit der Welt, so wie sie geschaffen ist. Obwohl ich an vielem leide, obwohl ich mich an meinen eigenen Grenzen reibe, erahne ich im Gebet der Kontemplation dennoch, daß tief in mir drin alles gut ist.

Wenn ich Gott in mir erfahre, dann wird alles andere, woran ich leide, nicht mehr so wichtig. Ich kann mein Leben nicht erklären. Aber in der Tiefe spüre ich, daß alles, so wie es geworden ist, gut ist. Ich vertraue darauf, daß Gott selbst mich so geformt hat und daß Gott auch jetzt bei mir ist und alles zum Guten lenkt. Das Vertrauen, das das Gebet erzeugt, wird sich auch auf die Menschen ausdehnen. Ich werde auch ihnen zutrauen, daß ein guter Kern in ihnen ist. Und ich vertraue darauf, daß Gott seine gute Hand über sie hält.

Engel werden mich im Gebet begleiten. Der Engel, der Gottes Antlitz schaut, öffnet auch meine Augen für das Geheimnis Gottes. Der Engel wird mir auch den Sinn der Schöpfung erschließen. Er wird mir zeigen, daß die Schöpfung den Schöpfer widerspiegelt, daß Gottes Geist und Gottes Liebe in der Schöpfung erfahrbar werden. Er wird meinen Blick dafür schärfen, daß ich in allem Gott erkenne. Ich werde die Schönheit des Grases wahrnehmen und darin Gottes Zärtlichkeit entdecken. Ich werde im Herbst die bunten Farben der Blätter bestaunen und darin Gottes Schönheit sehen. Die Berge werden mich auf die Erhabenheit Gottes hinweisen, auf seine Heiligkeit und Größe. Ich werde nicht nur in der Kammer meines Herzens beten, sondern in allem, was ich sehe, höre, betaste, rieche und schmecke. Die Engel werden mich einführen in die Kunst, in allem Gott zu berühren und zu erfahren.

39.

Selig ist der Mönch, der das Wohlergehen und den Fortschritt anderer mit so viel Freude begrüßt, wie wenn es sein eigener wäre.

Gebet 122

Wenn Evagrius hier einen Mönch selig preist, der das Wohlergehen anderer voller Freude begrüßt, dann ist das für ihn eine Frucht des Gebetes. Denn der Mönch ist ja für ihn ein Bild des wahren Beters. Unablässig beten, darin besteht seine Hauptaufgabe. Das Gebet verwandelt unsere Beziehungen zu den Mitmenschen. Wir erleben unsere Mitmenschen oft als Rivalen und Konkurrenten. Da gibt es einen guten Prediger, der die Worte Gottes für die Hörer verständlich auslegt und daher bei vielen beliebt ist. Aber er kann den Nachbarpfarrer nicht leiden, weil der mit seinen Predigten noch besser ankommt. Er muß ihn klein machen. Da ist eine Frau, die bei ihrer Kursleitung große Fähigkeiten entwickelt. Aber sobald eine starke Frau an ihrem Kurs teilnimmt, muß sie sie abwerten und ihr ihre Mißachtung zeigen. Sie erlebt sie als Konkurrentin. Oft genug werten wir den anderen ab, um uns selbst aufzuwerten.

Wer im Gebet mit sich selbst in Einklang gekommen ist und seine eigene Mitte gefunden hat, der hat dieses Konkurrenzdenken nicht nötig. Er kann sich vielmehr an den Fähigkeiten des anderen freuen. Er freut sich, wenn es dem anderen gut geht, wenn er auf seinem beruflichen oder spirituellen Weg weitergekommen ist.

Wenn ich in Gott einen tiefen Frieden gefunden habe, dann kommen keine Konkurrenzgedanken in mir auf. Dann denke ich nicht, ich sei aber im Grunde doch weiter als der Mensch neben mir. Der andere habe zwar Erfolg, aber seine Seele sei leer. Er könne zwar gute Kurse geben, aber eigentlich kopiert er nur, was er bei mir gelernt hat. Diese Frau sei zwar beruflich weit gekommen, aber sie würde ihre Familie vernachlässigen. Wir versuchen, beim anderen immer ein Haar in der Suppe zu suchen. Denn wir können es nur schlecht aushalten, daß er besser und weiter, liebevoller und freier ist als wir.

Wer im Gebet sein Herz beruhigt und befriedet hat, der kann sich am anderen freuen, ihn fördern, ohne Nebenabsichten. Das Gebet befreit ihn dazu, den anderen sein zu lassen, wie er ist. Er sieht durch das Beten Gott selbst im anderen am Werk und bittet darum, daß Gott in ihm seine Herrlichkeit und Größe erweisen möge.

40.

Selig ist der Mönch, der in allen Menschen Gott sieht.
Ein Mönch weiß sich eins mit allen Menschen, denn
immerzu findet er sich in jedem Menschen.

Gebet 123 und 125

Auch hier beschreibt die Seligpreisung des Mönches die Frucht des Gebetes. Evagrius nennt zwei Wirkungen, die das Gebet hat. Einmal sehen wir durch das Gebet in jedem Menschen Gott. So wie wir in der Schöpfung Gott erkennen als den Grund allen Seins, so entdecken wir Gott in jedem Menschen. Gott ist nicht nur der Schöpfer des Menschen, sondern er wohnt auch im Herzen eines jeden Menschen. Die Alten sprechen vom Sakrament des Bruders oder der Schwester: »Hast du den Bruder gesehen, hast du Christus gesehen.«

Das Gebet führt so zur Ehrfurcht vor dem Geheimnis des Menschen. Ich kann mich nicht in das Gebet zurückziehen und dann meinen Mitmenschen verachten und verletzen. Das Gebet verlangt ein neues Verhalten gegenüber den Menschen. Wenn ich im Gebet den Menschen mit neuen Augen anschaue, dann werde ich ihn auch anders behandeln, liebevoll und ehrfürchtig, mit Respekt und Einfühlung. Das Gebet verweist mich auf die Einheit von Gottes- und Nächstenliebe.

Die zweite Wirkung des Gebetes auf das Verhältnis zu den Mitmenschen besteht darin, daß der

Betende sich selbst in jedem Menschen findet. Im Gebet entdecke ich in mir den Raum der Stille, in dem Gott selbst wohnt. In diesem Raum des Schweigens bin ich nicht nur mit Gott eins, sondern auch mit der ganzen Schöpfung und mit allen Menschen. Dort spüre ich, daß ich in meiner Tiefe mit allen Menschen zusammenhänge. Dort erfahre ich die innere Wahrheit des Gebotes der Nächstenliebe: »Du sollst deinen Nächsten lieben wie dich selbst!« (Mt 22,39) Oder wie Martin Buber übersetzt: »Du sollst deinen Nächsten lieben. Denn das bist du selbst.« Im Nächsten begegne ich mir selbst. Der Hebräerbrief spricht davon, daß Christus und wir Menschen alle von Einem abstammen. (Hebr 2,11) Im Innersten sind wir alle eins. Im Gebet gelangen wir in den innersten Raum, in dem wir miteinander verflochten sind. Daher führt uns das Gebet nicht nur in die Nähe Gottes, sondern auch in eine neue Nähe zu den Menschen.

Leben aus der Wüste

Bücher zum Thema »Lebenshilfe« treffen heute offensichtlich auf ein großes Bedürfnis der Menschen. Wir sehnen uns danach, daß unser Leben gelingt. Und immer mehr erkennen, daß ein Gelingen des Lebens ohne den Bezug zu Gott kaum möglich ist. Auf unserem Weg zu einem gelingenden Leben, auf dem Weg zu uns selbst und zu Gott sind wir nicht allein auf uns gestellt und nicht nur auf unsere eigene Erfahrung angewiesen. Wir dürfen aus den reichen Quellen schöpfen, die uns die christliche Tradition anbietet.

Eine klare und immer wieder erfrischende Quelle des geistlichen Lebens sind die Schriften der frühen Mönche. Wenn man sie liest, spürt man, daß dort keine Theorie entwickelt wird, sondern daß sie die Erfahrung widerspiegeln, die die Mönche mit sich selbst, miteinander und mit Gott gemacht haben. Vor allem spricht aber aus diesen Schriften eine große Sehnsucht nach Gott und eine starke Leidenschaft, sich auf die Suche nach Gott zu machen und nicht auszuruhen, bis das menschliche Herz zum Ort Gottes wird. Dann findet das unruhige Herz in Gott seine Ruhe. Seine Sehnsucht wird erfüllt. Der Mensch wird eins mit Gott. Alles in ihm wird in Gottes Liebe getaucht und von Gottes

Geist durchdrungen und verwandelt. In Gott finden wir zu unserer ursprünglichen Gestalt, zu dem einmaligen Bild, das er sich von jedem von uns gemacht hat.

Die frühen Mönche haben durch eine konsequente Askese, durch ehrliche Selbsterkenntnis und durch ständiges Pochen an die Türe Gottes erreicht, daß sie ganz und gar durchlässig wurden für Gottes Liebe und Gottes Licht. Sie haben in ihrem Leib und ihrer Seele Christus aufleuchten lassen in einer dunklen und zerrissenen Welt. Sie haben die Wüste, den Ort der Dämonen, zu einem Ort Gottes verwandelt und dadurch diese Welt heller und heiler werden lassen.

Sie sind auch für uns eine starke Herausforderung, für unsere Zeit Zeichen der göttlichen Gegenwart zu werden. Wenn wir uns wie die frühen Mönche von Gottes Liebe durchdringen lassen, dann wird auch unsere säkularisierte Welt durch uns von Gottes Licht erleuchtet. Wenn wir unsere Wunden von Gottes Liebe heilen lassen, wird der Ort, an dem wir leben, heiler. Von uns wird eine heilende Ausstrahlung ausgehen. An der heilenden Wirkung unseres verwandelten Menschseins werden die Menschen Hoffnung schöpfen, daß auch sie in Jesus Christus Heilung und Befreiung, Erleuchtung und Verwandlung erfahren können.

Wie die Mönche sollen wir die Frage nach Gott in unserer Welt offen halten. Durch unsere Existenz dürfen wir bezeugen, daß der Mensch erst ganz Mensch wird, wenn er Gott in sich eintreten läßt. Wenn unser Herz zum Himmel geworden ist, in dem Gott wohnt, dann werden wir auch mit unserem Sein den Himmel öffnen über den Menschen, denen der Himmel verschlossen und verhangen scheint. Dann wird auch in ihrem Herzen die Sehnsucht nach Gott neu entflammen. Und sie werden nicht ruhen, bis ihr Herz Ruhe findet in Gott.

Glossar

Agathon: Mönchsvater im 4. Jahrhundert in der Wüste Ägyptens.

Altvater: So werden die Mönche genannt, die andere geistlich begleiteten. Der eigentliche Ausdruck ist »Abbas = Vater«.

Antonios (der Große): Um 251 in Mittelägypten geboren, ging er als erster um das Jahr 270 in die Wüste, zuerst in eine verlassene Festung, dann auf einen entlegenen Berg. Zu ihm pilgerten zahllose Ratsuchende und Gottsucher. Im Alter von 105 Jahren starb er 356. Seine Lebensbeschreibung durch den hl. Athanasius begeisterte damals viele Menschen und veranlaßte sie, wie Antonios in der Wüste ein Leben der Askese und des Gebetes zu führen.

Apophthegma (wörtlich: Ausspruch): Schon im 4. Jahrhundert sammelte man Worte der Altväter. Sie wurden unter dem Namen »Apophthegmata patrum – Sprüche der Väter« herausgegeben. Ein Apophthegma ist ein kurzes Wort, das ein Altvater zu einem Ratsuchenden sagt. Unter dieser Bezeichnung werden jedoch auch kleine Geschichten über die frühen Mönche erzählt.

Evagrius Ponticus (345 bis 399) stammte aus Griechenland. Er war als Diakon ein glänzender Prediger und ist der bedeutendste geistliche Schriftsteller des 4. Jahrhunderts. Evagrius floh vor dem Treiben Konstantinopels nach Palästina, wurde dort Mönch. Er galt als der Psychologe unter den Mönchsvätern, als der, der sich am besten mit den Leidenschaften der Seele auskannte, den sogenannten »logismoi«, den »gefühlsbetonten Gedanken«.

Hesychast: Hesychia ist die Herzensruhe. Sie ist in gewissem Sinne eine Vorwegnahme des himmlischen Zustandes, ein Ruhen aller Anfechtungen, Begierden und Wünsche, vor allem des eigenen Willens. Hesychasten wurden die Mönche genannt, die die innere Ruhe suchten. Hesychasmus steht auch für eine bestimmte Art des Betens, für das Beten der Ruhe, ohne viele Worte.

Joseph (in Panepho): Zeitgenosse des Abbas Antonios.

Kellion: kleine Behausung der Einsiedler in einfachster Form. Es bestand oft nur aus einem einzigen Raum. Im Kellion auszuhalten, war eine wichtige spirituelle Übung.

Makarius, um das Jahr 300 geborener Mönch und Priester, war der große Organisator des sketischen Mönchtums. Von ihm stammen wichtige Vätersprüche. Er starb um das Jahr 390.

Moses war zunächst ein Sklave, ein Äthiopier, den sein Herr wegen eines Diebstahls fortgejagt hatte. Daraufhin schloß er sich einer Räuberbande an, deren Hauptmann er wurde. Bekehrt wurde er ein weithin geachteter Mönch. Im Alter von 75 Jahren wurde er bei der Verwüstung der Sketis (410) ermordet.

Nitria, Nitrische Wüste: der nordwestliche Teil des Natrontales, das sich ca. 65 bis 100 km südlich von Alexandrien von Südost nach Nordost hinzieht. Hauptgebiet der ägyptischen Einsiedlersiedlungen und vieler Klöster. Trotz des nahen Salzsees gibt es dort Süßwasserquellen.

Pambo: Einsiedler in der Nitrischen Wüste († um 390), zeichnete sich besonders durch seine erstaunliche Armut und seine große Liebe zum Schweigen aus. Er war bekannt mit Antonios dem Großen. Von ihm stammen 14 Vätersprüche.

Poimen: Einsiedler in der Sketischen Wüste, einer der bedeutendsten Mönchsväter. Nach der Verwüstung der Sketis zog er sich in einen verlassenen Tempel zurück und lebte dort noch bis 450. Er soll im Alter von 110 Jahren gestorben sein. Von ihm stammen die meisten, oft sehr kurzen Aussprüche. Insgesamt sind etwa 300 Apophthegmen von ihm überliefert.

Sketis, Sketische Wüste: eines der drei Hauptgebiete

der Niederlassungen der Einsiedler. Für die Apophthegmen ist die Sketis das Zentrum der Wüstenväter. Es ist strittig, ob sie nördlich oder südlich des Natrontales (siehe *Nitria*) liegt.

Literatur

Evagrius Ponticus, Praktikos. Über das Gebet, übers. v. J. E. Bamberger und G. Joos, Münsterschwarzach 1986.

Evagrios Pontikos, Briefe aus der Wüste, übers. v. G. Bunge, Trier 1986.

Anselm Grün, Geistliche Begleitung bei den Wüstenvätern, Münsterschwarzach 1991.

Weisung der Väter, Apophthegmata Patrum, übers. v. B. Miller, Trier 1986.

Les sentences des pères du dèsert. Nouveau recueil, hrsg. v. L. Regnault, Solesmes 1977.

Les sentences des pères du dèsert. Troisième recueil & tables, hrsg. v. L. Regnault, Solesmes 1976.

Die Abkürzungen unter den Apophthegmen stehen für folgende Quellen:

Apo   – Weisung der Väter, übers. v. B. Miller, Trier 1986.
           – Les sentences des pères du dèsert. Troisième recueil & tables, hrsg. v. L. Regnault, Solesmes 1976.

N und Bu II	– Les sentences des pères du dèsert. Nouveau recueil, hrsg. v. L. Regnault, Solesmes 1977.
	– Les sentences des pères du dèsert. Troisième recueil & tables, hrsg. v. L. Regnault, Solesmes 1976.
N	– Apophthegmen des Manuskripts Coislin 126 nach der Numerierung von F. Nau.
Bu II	– syrische Apophthegmen, ins Englische übersetzt von E. A. Wallis Budge.